Entdecke die ERDE

Text von Jennifer Swanson

Inhalt

Unterirdisches Bergwerk (S. 24)

Lavaröhre (S. 38)

Wellen (S. 56)

Sumpfgebiet (S. 74)

Gebirge (S. 82)

Frühling (S. 98)

Haus mit Dachgarten (S. 128)

Regenbogen (S. 104)

***Tyrannosaurus Rex* (S. 120)**

Unsere Erde

Die Erde ist etwas ganz Besonderes und ein sehr vielfältiger Ort. Sie ist der einzige Planet im Sonnensystem, auf dem Leben möglich ist. Die Atmosphäre um die Erde herum wärmt oder kühlt uns. Sie enthält den Sauerstoff, den wir atmen, und schützt uns zudem vor der Sonnenstrahlung. Der Wasserkreislauf sorgt dafür, dass das Wasser niemals ausgeht. Die Erde ist wirklich der beste Ort zum Leben!

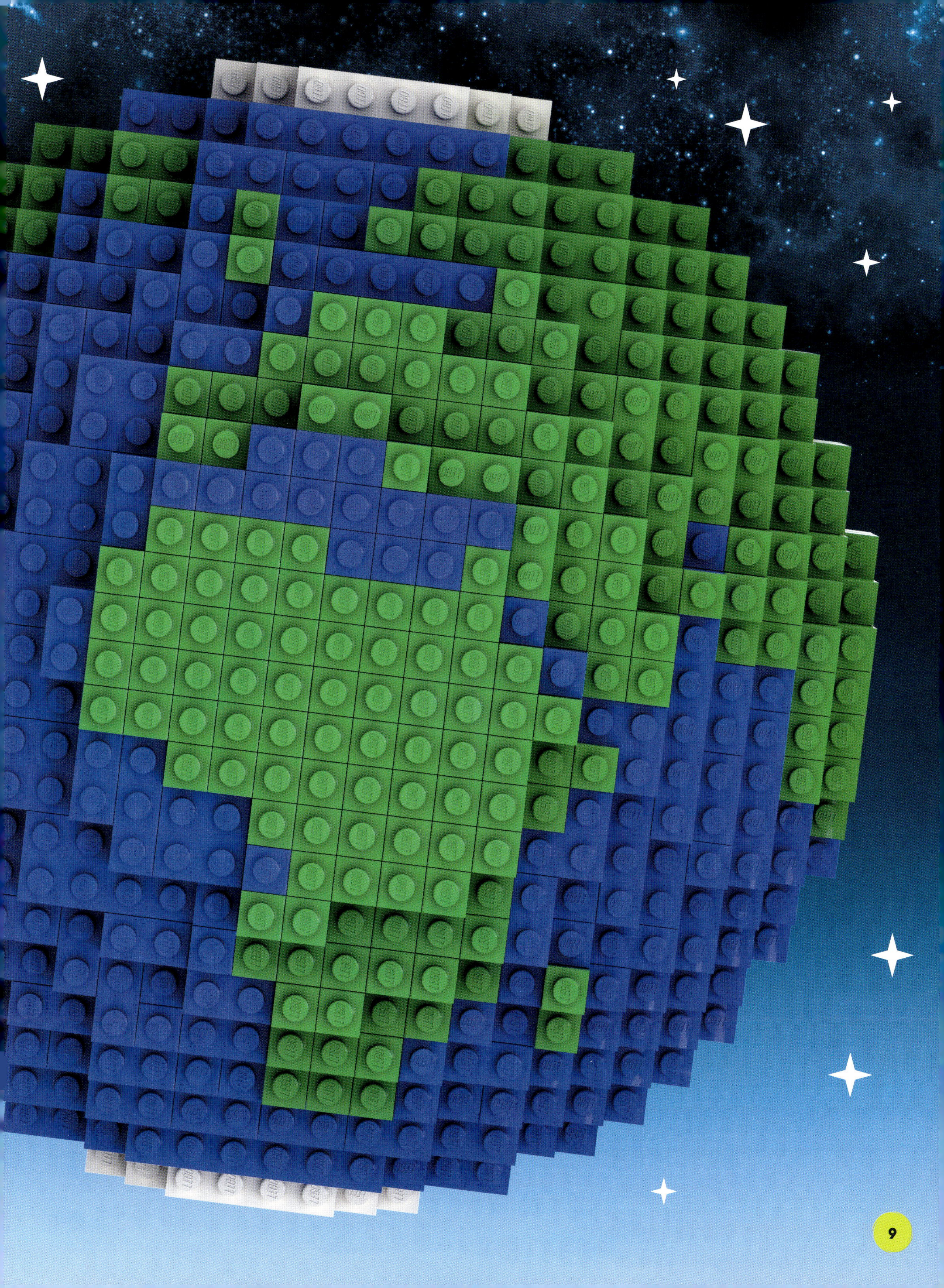

Wo sind wir?

Wenn du von der Sonne aus drei Planeten abzählst, gelangst du zur Erde. Sie ist der fünftgrößte der acht Planeten, die um die Sonne kreisen. Wir nennen unsere Planetenfamilie Sonnensystem. Sie liegt innerhalb der Milchstraße. In dieser riesigen Galaxie gibt es mindestens 100 Milliarden Planeten. Die Erde ist ein Gesteinsplanet mit einem eigenen Mond.

WOW!

Die Erde kreist mit einer Geschwindigkeit von **2,1 km/h** um die Sonne. Wir spüren davon nichts, weil sie ihr Tempo immer beibehält!

BAU LOS!

Planeten sind nicht leicht zu bauen! Beginne in der Mitte mit dem breitesten Abschnitt und staple in runden Lagen Platten aufeinander. Von der Mitte nach oben und unten wird jede Lage ein wenig schmaler.

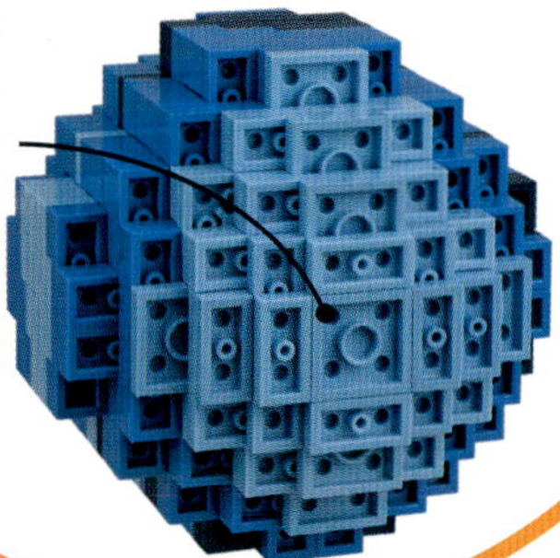

Was ist ein Planet?

Ein Planet ist ein kugelförmiger Himmelskörper, der die Sonne umkreist und eine starke Gravitation (Schwerkraft) besitzt. Die Schwerkraft hält ähnlich große Himmelskörper davon ab, in seine Umlaufbahn zu geraten.

Saturn

Jupiter

Unser Sonnensystem

Mars, Merkur und Venus sind unsere nächsten Nachbarn. Die riesigen Kugeln aus Gestein und Metall haben wie die Erde eine feste Oberfläche und kreisen recht nah um die Sonne. Die Gasriesen Jupiter und Saturn und die Eisriesen Uranus und Neptun sind viel größer und weiter von der Sonne entfernt. Sie sind nicht fest. Selbst, wenn du dorthin kämst, könntest du weder landen noch aussteigen.

Echt jetzt?!

Jeden Tag stürzen mehr als **4 Milliarden** Meteoriten (Gesteinsbrocken aus dem All) zur Erde. Glücklicherweise zerfallen sie zu Staub, bevor sie landen.

Schon gewusst?

Der **LEGO® Ideas Globus (Set 21332)** dreht sich um seine Achse – genau wie die echte Erde! Doch der Globus ist innen hohl. LEGO Platten bilden die Kruste und LEGO® Technic Elemente im Inneren sorgen dafür, dass er sich drehen kann.

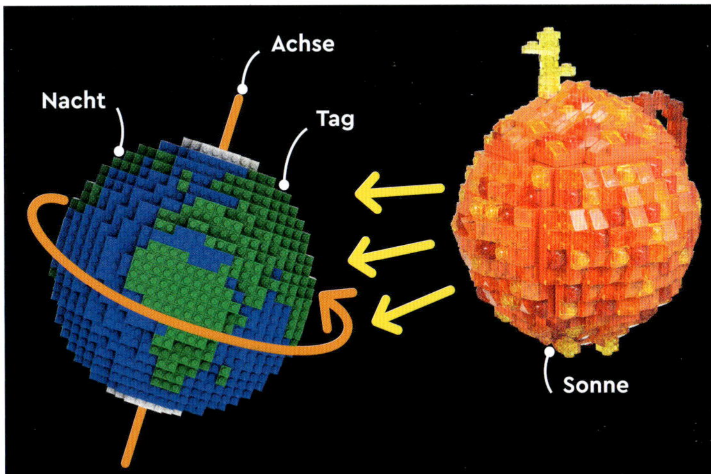

Immer in Bewegung

Auf ihrer Bahn um die Sonne dreht sich die Erde gleichzeitig um ihre leicht geneigte Achse. Auf der Seite, die der Sonne zugewandt ist, ist Tag, auf der anderen Seite ist Nacht. Für eine komplette Umkreisung der Sonne braucht die Erde 365 Tage (ein Jahr).

Warum ist die **Sonne** so heiß?

Sie ist riesig, gelb (so sieht sie zumindest für uns aus) und gibt uns die Wärme, die wir zum Leben brauchen – die Sonne! Wie alle Sterne ist die Sonne eine Kugel aus heißen, glühenden Gasen. Sie ist unser nächster Stern und der größte, hellste Körper am Himmel. In unserem Sonnensystem ist die Sonne der einzige Stern, aber es gibt auch Systeme mit zwei oder mehr Sternen. Kannst du dir zwei Sonnen am Himmel vorstellen?

Die Sonnenoberfläche strahlt sehr viel Licht, Wärme und andere Energie ab.

Glühende Kugel

Die Sonne besteht aus mehreren Schichten. Explosionen in ihrem Kern erzeugen ihre gewaltige Energie. Dort herrschen unfassbare 15 Millionen Grad Celsius. Blicke niemals direkt in die Sonne, auch nicht mit einer Sonnenbrille. Sie leuchtet so hell, dass ihre Strahlen den Augen schaden.

Sonnenfinsternis

Bei einer totalen Sonnenfinsternis wandert der Mond zwischen Sonne und Erde und blockiert für kurze Zeit das Sonnenlicht. Der Himmel verdunkelt sich, weil der Mond seinen Schatten auf die Erde wirft. Dann wird es am helllichten Tag vorübergehend Nacht!

Der Mond wirft seinen Schatten auf die Erde.

WOW!
Die Sonne ist so groß, dass **1,3 Millionen** Erden in sie hineinpassen würden.

Die Kraft der Pflanzen

Um zu wachsen, gewinnen Pflanzen Energie aus dem Licht der Sonne. Sie nehmen Sonnenlicht und Kohlendioxid aus der Luft auf. Zusammen mit Wasser aus dem Boden oder der Luft stellen sie Zucker her. Dabei entsteht Sauerstoff, den die Pflanzen am Ende wieder an die Atmosphäre abgeben. Diesen Vorgang nennt man Fotosynthese.

Echt jetzt?!

Bis zur Erde ist das Sonnenlicht **8 Minuten und 20 Sekunden** unterwegs.

BAU LOS!

Regnet es draußen? Dann bau doch zur Aufmunterung eine sonnige Landschaft! Mit transparenten Elementen steht die Sonne scheinbar am Himmel.

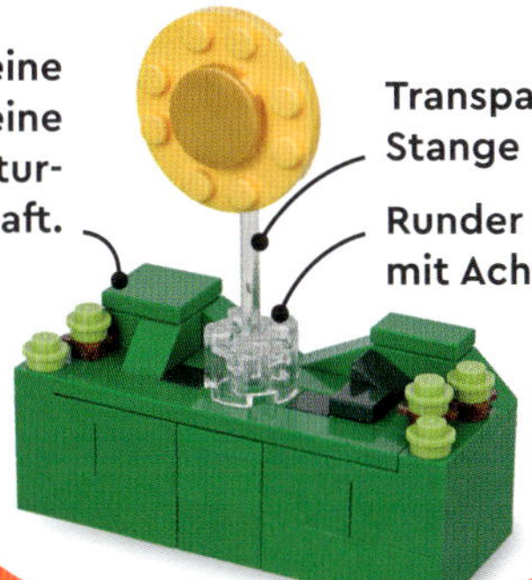

Schon gewusst?

LEGO® Sonnenblumen (Set 40524) haben 24 Ruderblätter als leuchtend gelbe Blütenblätter. Diese LEGO Blumen verwelken nie, egal ob die Sonne scheint oder nicht!

Warum ist der Mond so wichtig?

Ohne den hellen Körper am Nachthimmel wäre das Leben auf der Erde ganz anders. Vielleicht würde es nicht einmal Leben geben. Die Schwerkraft des Mondes verhindert extremes Wetter und Meteoriteneinschläge. Sie sorgt dafür, dass die Jahreszeiten nicht plötzlich wechseln, und sie verlangsamt die Erdrotation, sodass jeder Tag 24 Stunden hat. Der Mond ist auch für Ebbe und Flut verantwortlich. Heute ist die Kraft der Gezeiten eine wichtige Quelle für erneuerbare Energie.

Schon gewusst?

Die **LEGO® City Mond Raumstation (Set 60227)** hat einen Pizzaofen für hungrige Astronauten! In den drei trennbaren Modulen gibt es zudem ein Laufband, ein Anti-Schwerkraft-Bett, einen Fernseher und eine Küche.

Achtung, Einschlag!

Asteroiden und Meteoriten fliegen durchs All und – peng! – schlagen Löcher in die Mondkruste. Solche Vertiefungen nennt man Krater. Sie bleiben ewig erhalten, da es auf dem Mond kaum Luft gibt, und es kommen laufend neue hinzu. Du kannst sie von der Erde aus sehen.

WOW! Auf dem Mond gibt es mehr als **1 Million** Krater.

Die Mondoberfläche ist mit Vertiefungen, den Kratern, übersät.

Echt jetzt?!

US-Astronaut Stuart Roosa nahm Samenkörner mit zum Mond und pflanzte sie dann auf der Erde ein, wo sie zu **„Mondbäumen“** heranwuchsen.

Solarmodule wandeln Sonnenlicht in Elektrizität um und versorgen damit die Raumstation.

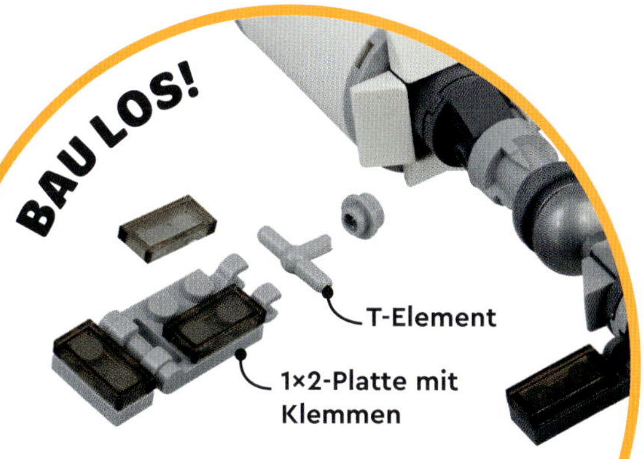

Warum baust du nicht deine eigene LEGO Raumstation? Sie braucht ein Wohnmodul für Astronauten, Solarmodule zur Energieversorgung und eine Andockstation für Raumfahrzeuge.

AUF DEN MOND SCHIESSEN? ICH KANN'S VERSUCHEN!

Ein Rugbyball am Himmel?

Der Mond ist nicht kugelrund, sondern hat eher die Form eines Rugbyballs! Von der Erde aus sieht er zwar wie eine Kugel aus, aber aus der Nähe aufgenommene Fotos zeigen, dass er abgeflacht ist. Leider ist er zu groß zum Werfen oder Schießen!

Der Mond leuchtet nicht selbst, sondern reflektiert das Licht der Sonne.

Zugewandte Seite

Der Mond kreist alle 27,3 Tage um die Erde. Er ist leicht gegen seine Umlaufbahn geneigt und wendet uns immer dieselbe Seite zu. Die Rückseite können nur Raumschiffe sehen, die um den Mond herum fliegen.

Warum gibt es Leben?

Die Erde ist aus vielerlei Gründen perfekt für uns Menschen. Sie ist weder zu heiß noch zu kalt. Sie hat eine Atmosphäre mit Sauerstoff, den wir zum Leben brauchen. Zudem gibt es flüssiges Wasser, ohne das wir auch nicht leben könnten. Das Wasser durchläuft einen ewigen Kreislauf und verändert sich ständig. Manchmal ist es flüssig (wie im Ozean), dann wieder fest (als Eis) oder gasförmig (als Wolken).

Aufsteigen

Das Wasser bewegt sich zwischen dem Land, dem Himmel und den Meeren, Flüssen und Seen in einem endlosen Kreislauf. Wenn die Sonne das flüssige Wasser erwärmt, verdunstet es und wird gasförmig. Der Wasserdampf steigt als winzige Tröpfchen auf.

Echt jetzt?!
Die Erde ist der einzige Planet im Sonnensystem, auf dem es Wasser in allen Formen gibt: **fest**, **flüssig** und **gasförmig**.

In den Wolken

In der kühlen Atmosphäre kondensiert der Wasserdampf und wird wieder flüssig. Es bilden sich größere Tropfen.

BAU LOS!

Bau aus grauen und weißen abgerundeten Teilen fluffige LEGO Wolken. Normale und umgekehrt gebogene Dachsteine und Halbkreiskacheln bilden die Rundungen. Platten mit Zähnen und runde, transparent-blaue Kacheln werden zu LEGO Regentropfen. Wo ist dein Regenschirm?

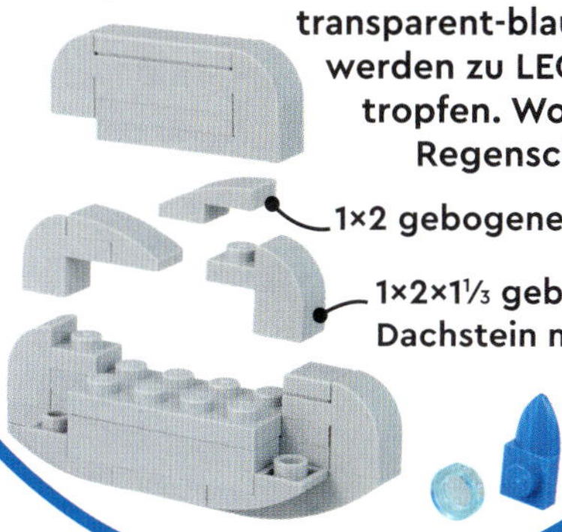

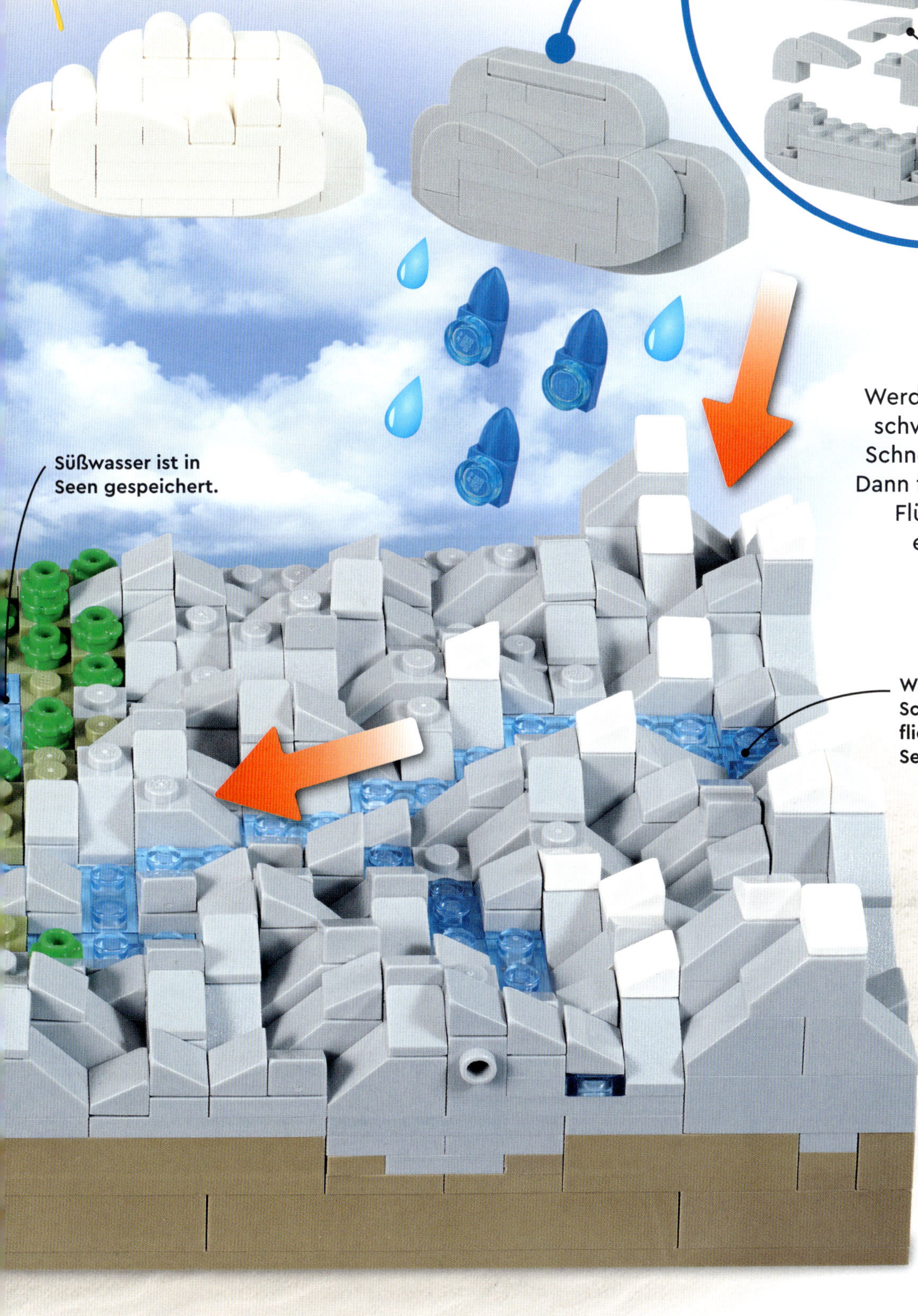

Fallen

Werden die Wassertropfen zu schwer, fallen sie als Regen, Schnee oder Hagel zu Boden. Dann fließt das Wasser in Seen, Flüsse und Ozeane oder ernährt die Pflanzen.

WOW!
Auf der Erde gibt es heute noch genau so viel Wasser wie vor **3,8 Milliarden** Jahren.

Das Erdinnere

Uns erscheint die Erde fest, aber tief unter unseren Füßen ist alles in Bewegung. An Land ist der Boden mit lockerer Erde bedeckt, auf der wir gehen und in der wir Nahrung anbauen. Wenn wir tief graben, entdecken wir Geheimnisse aus der Vergangenheit oder auch glitzernde Minerale. All diese Schichten liegen über einem Fluss aus heißem, zähflüssigem Gestein, dem Magma, das einen festen Eisenkern umgibt. Sieh dir das dynamische Erdinnere ruhig mal an!

Was liegt unter unseren Füßen?

Die Erde besteht aus Schichten – wie ein Apfel! Es gibt die Erdkruste, den Erdmantel sowie den äußeren und den inneren Kern. Die Kruste ist aus Gestein und bildet die äußerste Schicht. Darunter liegt der Erdmantel, in dem heißes, zähflüssiges Gestein, das Magma, ständig im Fluss ist. Dadurch bewegt sich die Erdkruste und es entstehen Erdbeben und Vulkanausbrüche. Im Inneren des Mantels liegt der Erdkern. Der äußere Kern besteht aus extrem heißem, flüssigem Metall, der innere Kern ist fest. Komm, wir graben uns durch!

BAU LOS!

Verwende vier verschiedene Farben für die Schichten der Erde. Zwischen der farbigen Querschnittsbasis und der äußeren Schicht mit Meer und Land kannst du aber alle möglichen Farben benutzen, weil man sie am Ende nicht sieht. Einfacher zu bauen wäre ein flaches 2-D-Modell des Erdkerns.

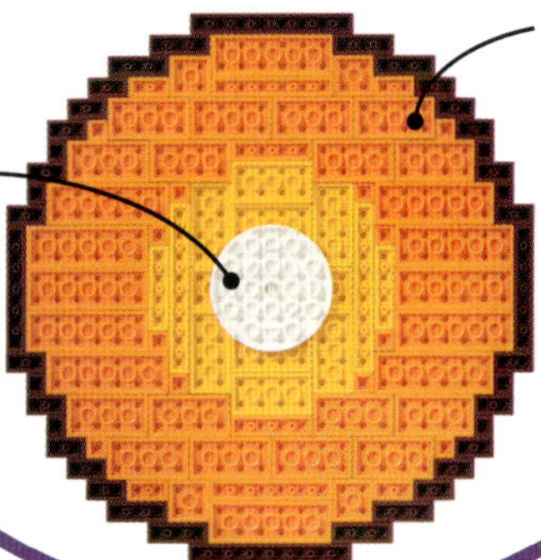

Im Inneren der Erde

Der innere Erdkern ist eine extrem heiße Kugel: Dort herrschen 6000 °C, das ist so heiß wie die Sonnenoberfläche! Er ist nur deshalb fest, weil der Druck dort sehr hoch ist.

WOW!
Der Erdmantel ist die dickste Schicht. Er reicht mehr als **2900 km** tief in die Erde.

Hart wie Eisen

Die Forschenden glauben, dass der innere und äußere Erdkern aus Eisen und Nickel bestehen. Im inneren Kern ist der Druck mehr als 360 Millionen Mal höher als hier bei uns an der Erdoberfläche. Deshalb ist das Eisen dort superhart!

Echt jetzt?!
Der innere Erdkern **dreht sich** – genau wie die Erde selbst.

Magnetismus

Die Erde umgibt ein starkes Magnetfeld. Der extrem heiße innere Kern erhitzt den äußeren Kern, sodass im flüssigen Metall elektrische Ströme entstehen. Sie erzeugen ein Magnetfeld, das den Sonnenwind ablenkt und uns schützt.

Schon gewusst?

Dieser LEGO® Wurm hat das Innere des **LEGO® Apfels (Set 40215)** durchquert. Aber bisher hat es kein Mensch geschafft, bis zum Erdkern vorzudringen. Dort ist es viel zu heiß!

Wie bildet sich Gestein?

Gestein besteht aus Mineralen, das sind natürlich vorkommende, unbelebte Feststoffe. Es entsteht durch Erhitzen, Schmelzen, Abkühlen und hohen Druck. Gestein verändert seine Form, wenn Wind oder Wasser über es hinweg weht oder fließt. All diese Vorgänge, die zusammen den Gesteinskreislauf ergeben, laufen über Jahrtausende oder gar Jahrmillionen ab. Gesteine verschwinden nicht, sondern verändern sich unentwegt und bewegen sich dabei von hohen Berggipfeln bis zum Grund des Ozeans.

Magmatisches Gestein

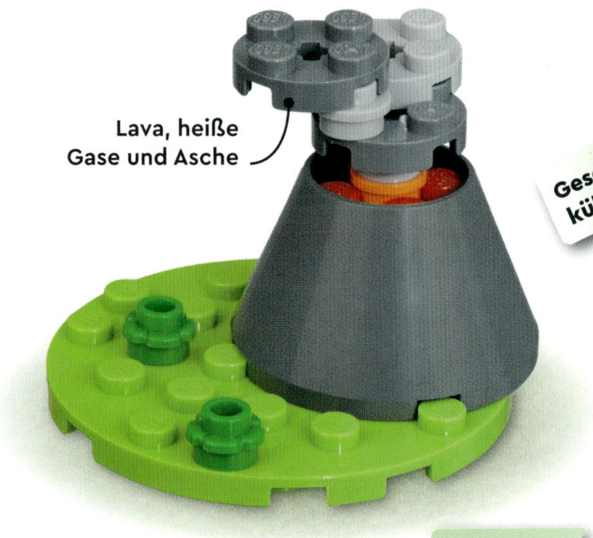

Vulkanausbruch

Abkühlen

Unter der Erdoberfläche ist Magma zunächst zähflüssig. Wenn es aber an die Oberfläche kommt, kühlt es ab und bildet hartes magmatisches Gestein.

Magma

Echt jetzt?!
Sternschnuppen am Himmel sind in Wirklichkeit **Gesteinskörner**, die durch die Erdatmosphäre fliegen.

Schon gewusst?

LEGO® City Schweres Bohrgerät für den Bergbau (Set 60186) bohrt sich durch das LEGO Gestein. Mit dem Knopf an der Rückseite kannst du den Bohrer drehen.

BAU LOS!

Viele Dinosaurier stampften auf Felsen umher. Bau also eine Felslandschaft für deine LEGO Dinos. Aus Keilplatten entsteht eine unebene, raue Grundfläche, auf die du Pflanzenelemente und grüne, moosähnliche Teile steckst.

Gebogener 2×2-Dachstein

Gestein verwittert und wird abgetragen.

Sediment

Zerbröselte Körner werden weggespült oder weggeweht.

Sediment wird zusammengepresst.

Ablagern

Sedimentgestein entsteht, wenn sich an Land oder im Wasser Teile von Steinen, Erde und tote Lebewesen übereinander lagern und im Lauf von vielen Millionen Jahren zusammengepresst werden.

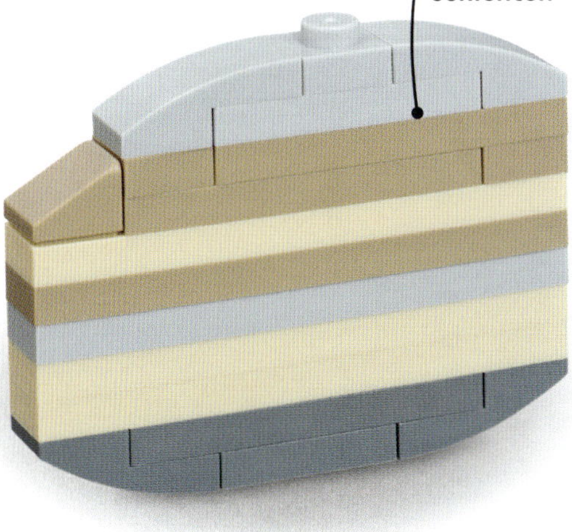

Gesteinsschichten

Sedimentgestein

Hitze und Druck verändern das Gestein.

Gesteinsbänder entstehen durch Auffaltung und Druck.

Metamorphes Gestein

Sehr hoher Druck

Metamorphes Gestein besteht aus Sediment- oder magmatischem Gestein. Bei hohen Temperaturen und starkem Druck wird es zusammengepresst oder gefaltet und bildet dabei neues Gestein.

WOW!

Kalziumkarbonatteilchen aus Gestein werden in **Zahnpasta** verwendet, damit die Zähne richtig sauber werden.

Welche Schätze liegen im Boden?

Wenn unter der Erdkruste superheißes, flüssiges Gestein – das Magma – langsam (im Lauf von Millionen Jahren!) abkühlt und hoher Druck herrscht, bilden sich Kristalle aus. So entstehen herrliche Edelsteine wie Jade, Saphire oder Diamanten. Mit riesigen Bohrmaschinen graben Menschen tiefe Löcher oder Tunnel in die Erde, um diese wunderschönen Steine zutage zu fördern. Edelsteine sind aber nicht nur schön, sondern auch sehr wertvoll.

Diamanten

Diamanten bestehen aus Kohlenstoff und bilden sich tief in der Erde bei Temperaturen über 900 °C und einem Druck, der 50 000-mal höher ist als an der Oberfläche. Diamanten sehen schön aus, sind aber auch sehr hart. Mit ihnen kann man sogar Glas schneiden!

Diamant ist der härteste natürliche Stoff auf der Erde.

Das Salz der Erde

Meerwasser enthält viel Salz, aber wieso? Dieses Salz besteht aus Chlorid und Natrium. Das Natrium stammt aus Flüssen und das Chlorid aus unterirdischen Vulkanen. Wenn die beiden Stoffe im Meer zusammentreffen, verbinden sie sich zu Salz.

WOW!

Die Farbe von Saphiren hängt von dem Mineral ab, in dessen Umgebung sie sich bilden. Ist es Eisen, entstehen seltene grüne Saphire.

Meistens liegen Bergwerke an der Erdoberfläche, weil so der Abbau sicherer und leichter ist. Die Minerale werden aus riesigen Löchern im Boden geholt.

Echt jetzt?!

In der Cueva de los Cristales (»Höhle der Kristalle«) in Mexiko gibt es Kristalle, die mehr als **11 m** lang und bis zu **50 Tonnen** schwer sind.

BAU LOS!

Unterirdische Minen haben schroffe Tunnelwände aus Felsgestein. Aber denke auch an den Boden über dem Bergwerk. Dort wachsen Pflanzen und es laufen Tiere umher!

Die unterirdischen Gesteine werden tief in der Erde in Minen abgebaut. Die Arbeit dort ist sehr gefährlich!

Schienenwaggons transportieren Gestein, Abfall, Ausrüstung und Bergleute.

Glitzer & Glimmer

Kristalle bilden sich tief in der Erde. Ihre Größe hängt davon ab, wie langsam das umliegende Magma abkühlt. Je langsamer das vonstattengeht, desto mehr Zeit hat der Kristall, um zu wachsen. Kristalle gibt es in allen Größen, Formen und herrlichen Farben!

Schon gewusst?

Minifigur-Bergarbeiter in **LEGO® City Bergbauprofis an der Abbaustätte (Set 60188)** entdecken oft mehr Schätze als erwartet. Im Set ist auch ein Bär und eine im Dunkeln leuchtende Spinne enthalten. Minifiguren, seid auf der Hut!

Was ist ein Fossil?

Fossilien sind Versteinerungen von Knochen, Abdrücken im Gestein oder auch Fußspuren. Wer nach Fossilien gräbt, wirft gleichzeitig einen Blick in eine weit zurückliegende Vergangenheit. Nur Dinge, die älter als 10 000 Jahre sind, können überhaupt versteinert sein! Man findet sie an trockenen, warmen Orten, meist verborgen in tiefen Sedimentschichten. Hast du schon einmal nach Fossilien gegraben? Du solltest es versuchen, denn es gibt so viel zu entdecken!

WOW!
Das Fossil eines Vorfahren der Pinguine zeigt, dass die Tiere früher über **1,5 m** groß waren!

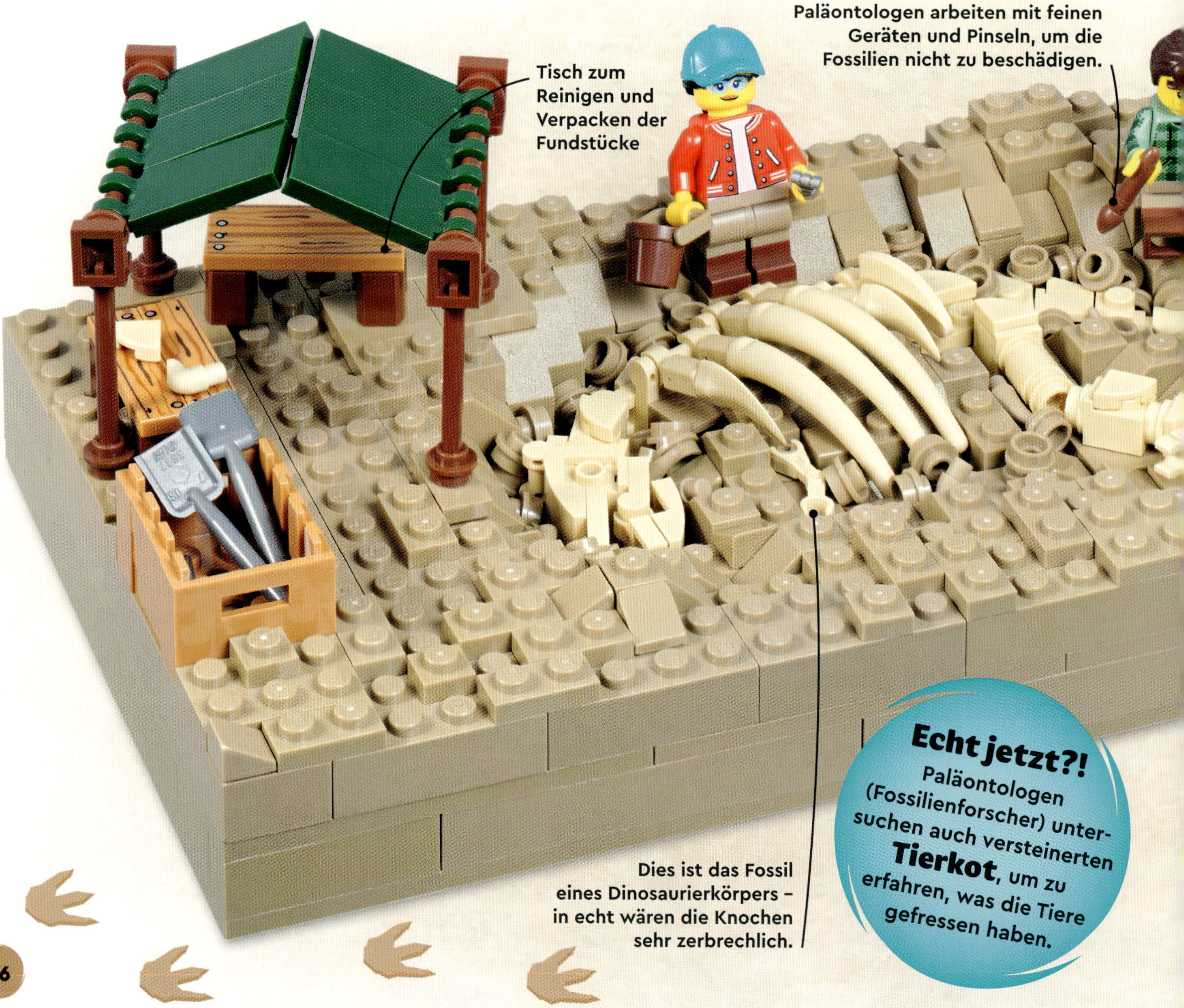

Echt jetzt?!
Paläontologen (Fossilienforscher) untersuchen auch versteinerten **Tierkot**, um zu erfahren, was die Tiere gefressen haben.

BAU LOS!

Hast du noch nie ein Dino-Fossil gefunden? Dann bau einfach selbst eins! Beigefarbene Platten bilden eine Oberfläche aus Sandstein und aus kleinen, weißen LEGO Kacheln und Platten entsteht ein Dinosaurier-Schädel.

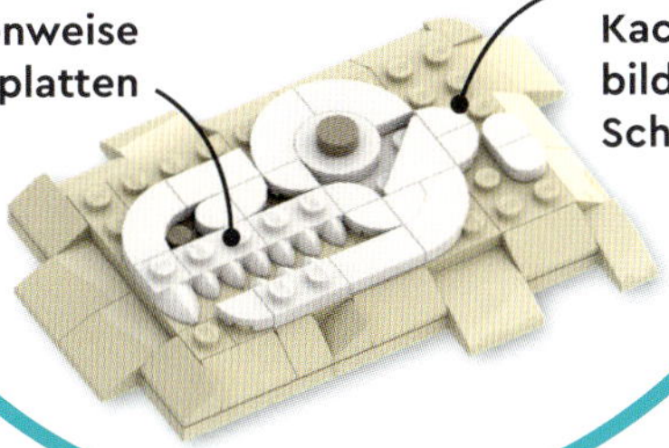

Scharfe Zähne aus reihenweise Zahnplatten

Gebogene Kacheln bilden den Schädel.

Schon gewusst?

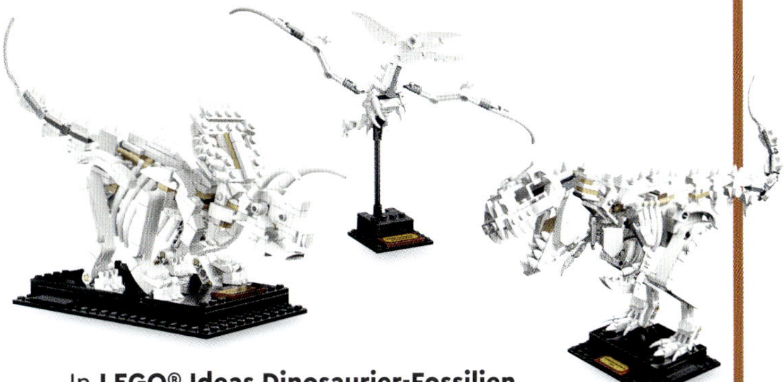

In **LEGO® Ideas Dinosaurier-Fossilien (Set 21320)** gibt es zwei Modelle von Dinosaurierskeletten (*Triceratops* und *Tyrannosaurus rex*) und ein Spielzeugskelett eines Flugsauriers (*Pteranodon*). Lass dich davon zu eigenen LEGO Fossilien anregen.

Hier wurde ein Nest mit versteinerten Dinosaurier-Eiern entdeckt!

Folge dem Dinosaurier!

Spurenfossilien sind Abdrücke von Pflanzen oder Tieren. Sie zeigen Nester, Baue oder auch Fußspuren eines Tiers, das vor langer Zeit lebte – vielleicht sogar die eines Dinosauriers!

Museumsreif

Körperfossilien sind echte Körperteile von Urzeittieren wie Knochen, Skelette oder auch Gewebe (Haut). Dies sind die aufregendsten Fossilien, vor allem dann, wenn das Tier fast vollständig versteinert ist. In vielen Museen kannst du dir solche Fossilien selbst ansehen.

Dies ist ein Modell von „Dippy": Der Abguss eines *Diplodocus*-Skeletts stand über 100 Jahre im Naturkundemuseum in London (Großbritannien).

Abdruck-Fossilien

Hast du schon mal etwas vergraben? Dann weißt du, wie ein Abdruck-Fossil entsteht. Wenn ein Lebewesen stirbt und mit der Zeit unter tonnenweise Sand oder Sediment begraben wird, zersetzt es sich im Lauf der Jahrmillionen und hinterlässt nur den Abdruck seiner früheren Form.

Was macht ein Regenwurm?

Regenwürmer erledigen im Verborgenen nützliche Aufgaben. Sie durchmischen die oberste Bodenschicht und halten sie feucht und voller Nährstoffe. Da in dieser Schicht die meisten Pflanzen wachsen, ist ihre Tätigkeit für uns lebenswichtig! Ohne Regenwürmer könnten Pflanzen kaum wachsen. Vögel, Füchse, Igel, Kröten und andere Tiere brauchen die Würmer wiederum als Nahrung.

Echt jetzt?!
Ein Esslöffel Erde enthält **mehr Lebewesen**, als Menschen auf der Erde leben!

Boden-Ingenieure

Regenwürmer graben den lieben langen Tag! Auf ihrem Weg durch das Erdreich schaffen sie senkrechte Gänge. Durch diese Gänge gelangen Luft und Wasser in den Boden, sodass er schön feucht bleibt und viele Pflanzen wachsen können.

Bau los!

Hohle Stangen und Gelenkverbindungen lassen LEGO Würmer ziemlich echt aussehen! Einen einfachen, unbeweglichen Wurm kannst du aus pinkfarbenen, grauen oder braunen runden 1×1-Steinen bauen.

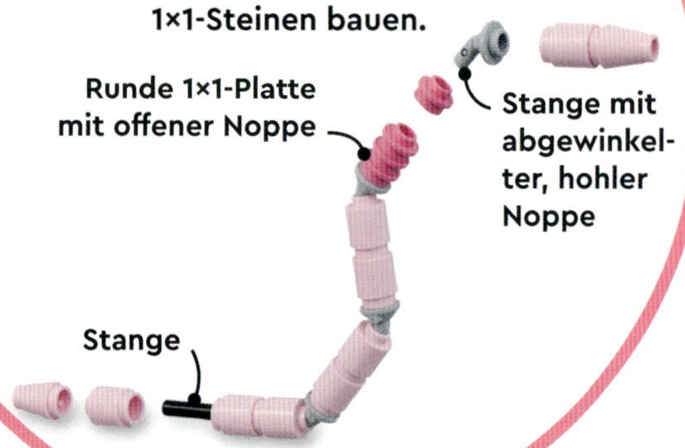

Schon gewusst?

Minifiguren verkleiden sich gern als Gartentiere. Es gibt das **Marienkäfer-** und das **Schmetterlings-Mädchen** oder den **Spinnenanzug-Typ**. Vielleicht zieht sich bald eine LEGO® Minifigur als Regenwurm an!

Hungrige Gesellen

Regenwürmer fressen alles, was sie in der Erde finden können: Pilze, Bakterien, verrottende Pflanzen und Tiere und sogar Kot! Später scheiden sie alles wieder in die Erde aus. Sie verzehren sogar Giftstoffe und halten so die Erde sauber. Regenwurmkot ist ein toller Nährstoff für Pflanzen!

Erdboden

Erde ist kein Dreck! Wir brauchen sie zum Anbau von Nahrung. Außerdem leben in ihr Milliarden Lebewesen wie Pilze, Bakterien, Schnecken, Ameisen, Käfer, Würmer, Maulwürfe und noch viele mehr. Der Boden besteht aus Wasser, Luft, Gesteinskörnern, Mineralen sowie verrottenden Pflanzen und Tieren. Er baut sich über viele Jahre schichtweise auf.

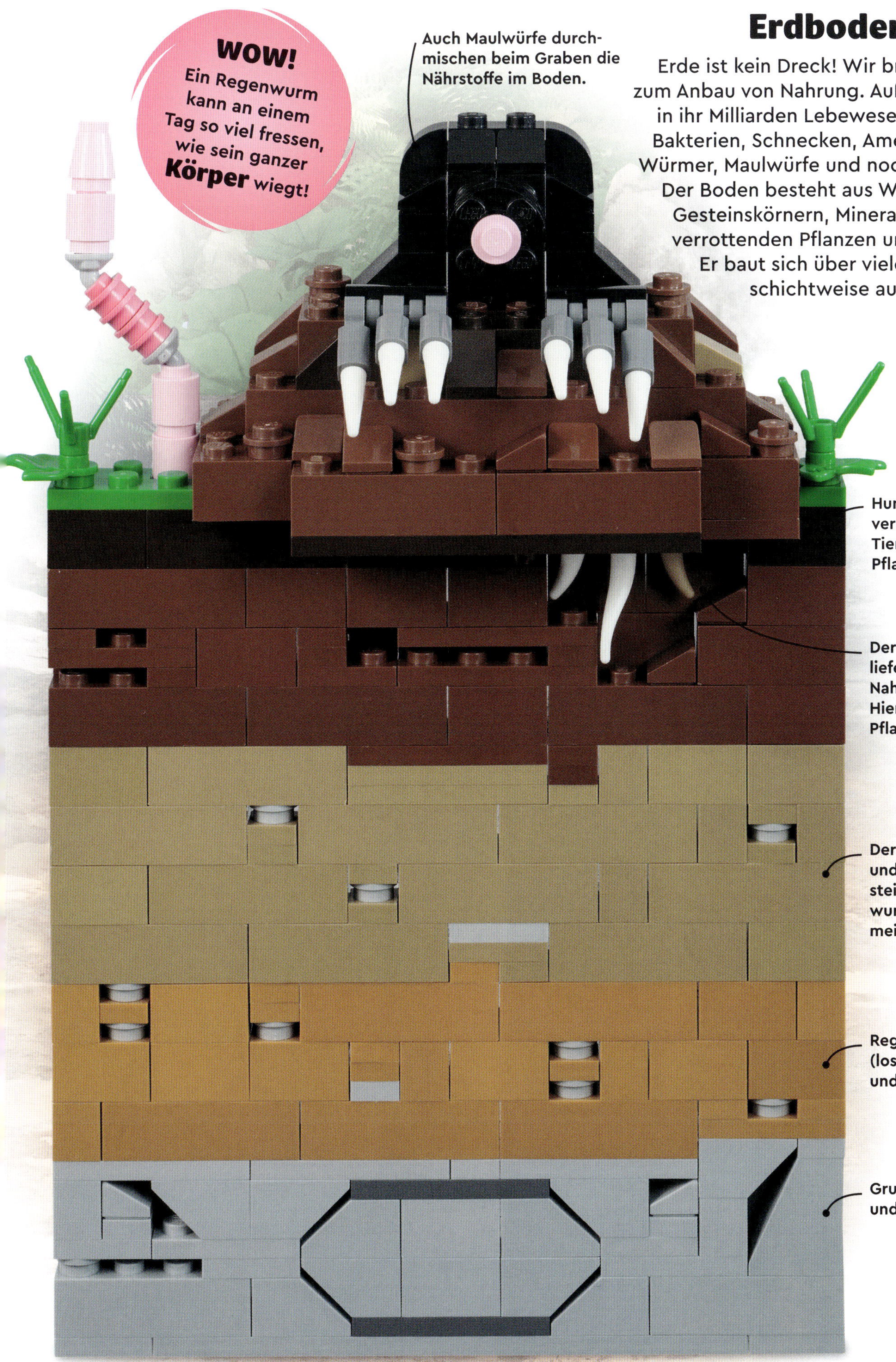

Vulkane

Ka-Bumm! Ein Vulkan bricht aus. Heißes, flüssiges Gestein schießt aus dem Berg und schleudert Felsbrocken in die Luft. Zwar dringt bei allen Eruptionen Magma aus den Tiefen der Erde hervor, aber nicht immer wird gleich ein ganzer Berggipfel abgesprengt. Manchmal fließt die Lava auch ruhig und stetig seine Flanken hinab oder es wird nur vulkanische Asche ausgespuckt. Aber bei jedem Ausbruch gelangen wichtige Nährstoffe an die Erdoberfläche, die Pflanzen zum Wachsen brauchen.

Wie bewegen sich die Kontinente?

Die Kontinente liegen auf riesigen Gesteinsplatten. Diese tektonischen Platten treiben auf dem heißen, zähflüssigen Gestein des Erdmantels. Die Auf- und Abbewegungen des Gesteins verschieben die Platten. Das geschieht so langsam, dass wir es gar nicht bemerken. Aber dort, wo die Platten aufeinandertreffen, kommt es zu Erdbeben und Vulkanausbrüchen, die die Oberfläche der Erde verändern.

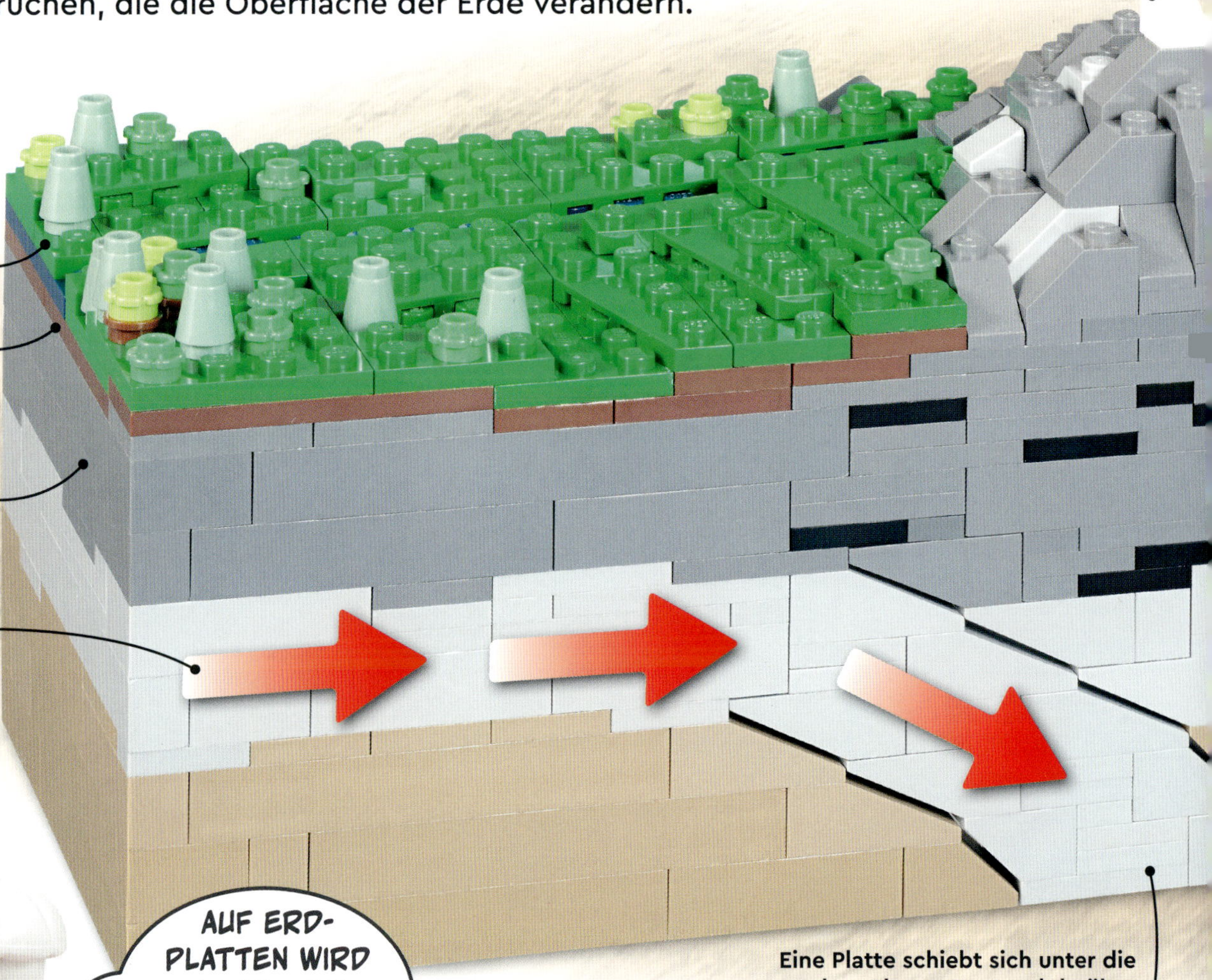

Aufeinander zu

Manchmal treiben zwei Erdplatten aufeinander zu (siehe oben). Dann wird die eine unter die andere geschoben und es faltet sich ein Gebirge oder sogar ein Vulkan auf. So entstand der Mount Everest, der höchste Berg der Erde.

BAU LOS!

In Landschaftsmodellen baust du mit vielen kleinen Steinen riesige Dinge! Stecke graue Dachsteine in verschiedenen Winkeln übereinander – fertig ist eine raue Gebirgslandschaft.

Grüne 1×1-Kegel sind perfekte Bäume.

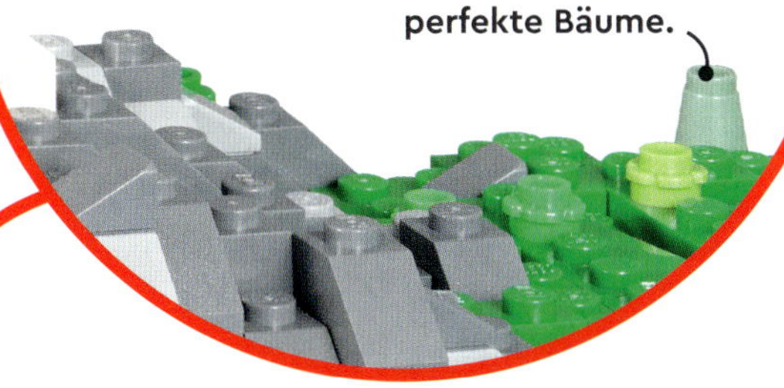

Voneinander weg

Wenn sich zwei Platten voneinander entfernen, öffnet sich zwischen ihnen ein Spalt. Heißes Magma dringt heraus, das nach und nach zu neuem Gestein abkühlt.

WOW!

Tektonische Platten **bewegen sich** sehr langsam – nur etwa 3 bis 5 cm pro Jahr.

Echt jetzt?!

Die Platten, die den **Mount Everest** auffalten, bewegen sich weiter. Daher **wächst** der Berg immer noch jedes Jahr um 6,4 cm!

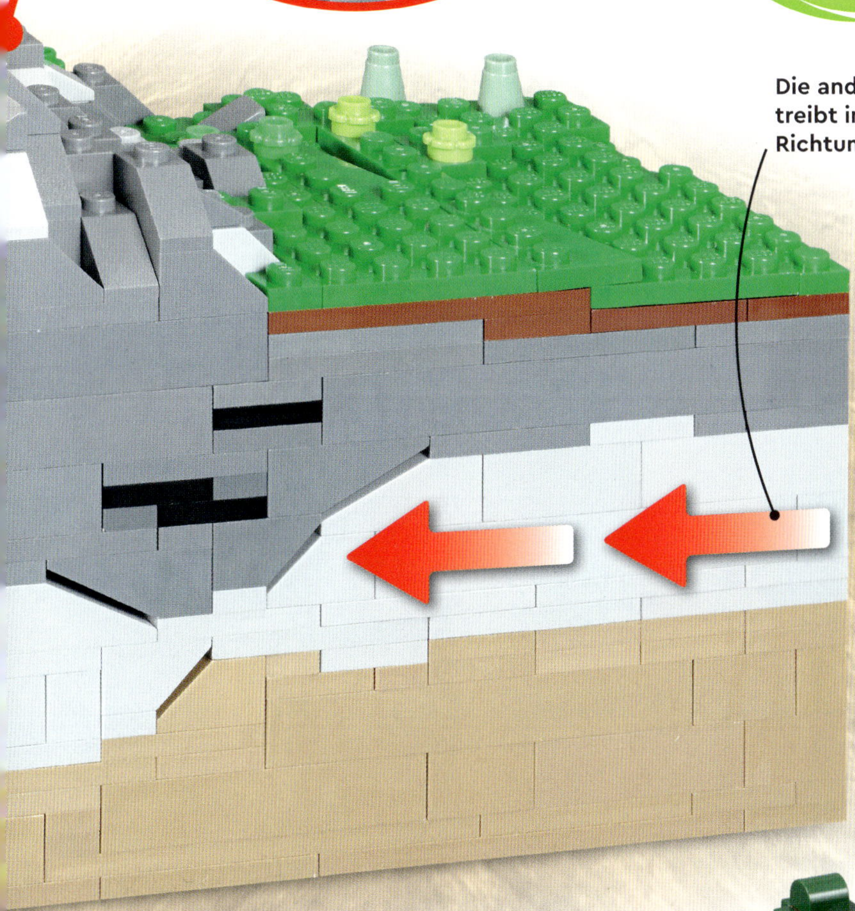

Die andere Platte treibt in diese Richtung.

Schon gewusst?

Die meisten Minifiguren halten sich von Vulkanen fern, aber Lord Garmadon hat einen Unterschlupf im Inneren eines Vulkans: in **LEGO® NINJAGO® Garmadons Vulkanversteck (Set 70631)**. Hier kann er ungestört böse Pläne aushecken.

Aneinander vorbei

Gleiten zwei Platten aneinander vorbei, verhaken sie sich. Die sich aufbauende Spannung entlädt sich irgendwann ruckartig in einem Erdbeben.

Wieso brechen Vulkane aus?

Im Erdmantel, dicht unter der Kruste, brodelt zähflüssiges Magma. Es sinkt nach unten, steigt wieder empor und sucht einen Ausgang. Das Gewicht der Erdkruste hält das Magma zurück, bis … sich eine Platte in der Kruste bewegt. Wuuusch! Magma presst sich durch den Spalt und strömt in den darüberliegenden Vulkan. Durch den hohen Druck schießt das Magma, das jetzt Lava heißt, in die Luft. Doch nicht alle Ausbrüche sind explosiv. Ist das Magma dünnflüssig, fließt die Lava ruhig heraus.

BAU LOS!

Dachsteine und normale Steine ergeben raue, felsige Berghänge. Orange und rote Dachsteine bilden Lavaströme. Transparent-rote oder -orange Steine sehen besonders feurig aus. Mit weißen Steinen an der Spitze stellst du Aschewolken dar.

Schläft da wer?

Aktiv nennt man Vulkane, die in den letzten 10 000 Jahren immer wieder ausgebrochen sind. Schlafende Vulkane sind dagegen seit mehr als 10 000 Jahren ruhig – sie könnten aber noch ausbrechen! Ein erloschener Vulkan wird wohl nicht wieder ausbrechen, denn unter ihm ist kein Magma mehr.

WOW!
Mehr als **80 Prozent** des Erdbodens unter und über dem Meeresspiegel stammen aus Vulkanen.

Gleich knallt's!

Magma mit einem hohen Anteil an Silikatgestein erzeugt Explosionen. Silikat schließt Gase wie Wasserdampf, Schwefeldioxid und Kohlendioxid ins Magma ein. Sobald das Magma aber an die Luft gelangt, gibt es einen großen Knall: Die Gase werden freigesetzt und die Lava schießt nur so heraus.

Schon gewusst?

In LEGO® City gibt es einen ausbrechenden Vulkan! Die **Vulkan-Forscherstation (Set 60124)** hat einen Hebel, der „Lavabrocken" aus dem Gipfel des Vulkans herausschleudert.

Echt jetzt?! Auf der Erde gibt es etwa **1550** aktive Vulkane.

In der Gefahrenzone

Die Wissenschaft von den Vulkanen heißt Vulkanologie. Vulkanologinnen untersuchen aktive Vulkane ebenso wie schlafende. Sie interessiert besonders, woran man einen bevorstehenden Ausbruch erkennt. In die Bereiche, die für Menschen zu gefährlich sind, schicken sie Drohnen und Roboter.

Warum sind manche Vulkane so hoch?

Hohe Vulkankegel entstehen, wenn sich eine Platte der Erdkruste unter eine andere schiebt und diese zu einem Vulkanberg auftürmt. Im Lauf vieler Jahrmillionen fließt bei Ausbrüchen immer wieder klebrige, zähflüssige Lava die Berghänge hinab und härtet aus. Das führt dazu, dass der Vulkan immer größer wird. Viele der höchsten Berge auf der Erde waren früher aktive Vulkane. Einige sind inzwischen erloschen, da unter ihnen kein Magma mehr ist. Andere dagegen schlafen – oft unter einer Schneedecke!

Echt jetzt?!
Der Ausbruch des Mount St. Helens (Bundesstaat Washington, USA) im Jahr 1980 war noch in **320 km** Entfernung zu hören.

Flache Vulkane

Ein Schildvulkan speit große Mengen dünnflüssige Lava. Diese Art Lava fließt ruhig an die Oberfläche und weit ins Land, bis sie schließlich aushärtet. Im Lauf der Zeit legen sich viele Lavaschichten übereinander und bilden einen flachen Hang, der aussieht wie ein Schutzschild rund um den Vulkan.

WOW!
Bei einigen Vulkanausbrüchen werden Asche und Staub mehr als **30 km** hochgeschleudert!

Verschneite Gipfel?

Hohe Vulkane sind manchmal mit Schnee bedeckt, aber nur, wenn sie schon sehr lange schlafen, wie der Fuji in Japan. Schlafende Vulkane werden sehr genau überwacht, denn sie könnten wieder ausbrechen.

Schon gewusst?

Die Minifiguren in **LEGO® City Vulkan Schwerlasthelikopter (Set 60125)** sind gut gerüstet für die Erforschung der Vulkane in ihrer Umgebung. Sie haben Helme, hitzebeständige Anzüge, Funkgeräte und viele spezielle Geräte.

Eisvulkane

Auf der Erde speien Vulkane Magma, Asche und Gesteinsbrocken. Auf anderen Planeten gibt es Eisvulkane (Kryovulkane), die gefrorenes Wasser und Gase wie Methan und Ammoniak in die eiskalte Umgebung entlassen.

BAU LOS!

Ein transparent-blaues Flammenelement ist die perfekte Wolke für einen Mini-Eisvulkan. Könnten Aliens auf dem Planeten leben? Bau auch ein paar Mini-Aliens, die diese eisige Welt bewohnen.

Wie entstehen Lavahöhlen?

Wenn sich in der Erdkruste eine Spalte bildet, drängt geschmolzenes Gestein mit aller Kraft heraus. Das Magma, an der Oberfläche Lava genannt, bahnt sich seinen Weg – entweder durch einen Schlot oder unten am Fuß des Vulkans, wo es sich seinen Weg durch Gestein und Erde gräbt. Außen kühlt die Lava rasch ab und wird hart, aber im Inneren fließt die heiße Lava weiter und bildet lange, hohle Tunnel, die Lavaröhren. Wenn der Lavafluss endet, bleiben fantastische Höhlen zurück.

Echt jetzt?!
Tiere, die im **Dunkeln** leben, siedeln sich in abgekühlten Lavaröhren an.

Glühende Flüsse

Lavaströme haben enorme Kraft. Sie bahnen sich ihren Weg durch festes Gestein und verzweigen sich in viele Tunnel wie die Finger einer Hand. Die Tunnel härten aus, aber bei neuen Ausbrüchen kann wieder frische Lava mit Hochdruck durch sie hindurchfließen.

BAU LOS!

Bau für deine Minifiguren eigene Lavaröhren zum Erforschen. Mit Bogen- und Dachsteinen kannst du Röhren formen, die nur eine Noppe breit sind. Wenn die darüber liegende Lage eine etwas andere Form bekommt, sieht es richtig felsig aus!

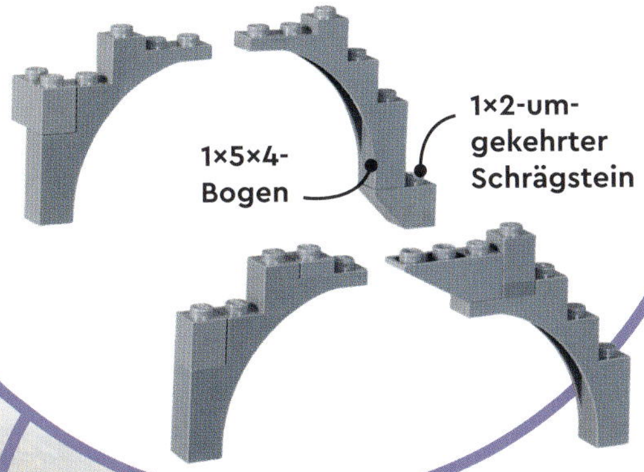

Hier strömte einst heiße Lava hindurch.

Blick hinein

Wenn die Decke einer Lavaröhre teilweise einstürzt, entsteht ein Loch – etwa so wie das Dachfenster eines Hauses. Durch solche Löcher können Forschende die glühend heiße Lava beobachten, die durch die Röhre strömt.

Schon gewusst?

Im **LEGO® City Vulkan Starter-Set (60120)** gibt es einen winzigen Vulkan, den die Minifiguren erforschen. Drückst du den Hebel, springen kleine LEGO „Lavasteine" heraus!

WOW!
Die Lavaröhren des Vulkans Mauna Loa auf Hawaii (USA) sind fast **50 km** lang!

Pahoehoe-Lava

Dieser Name stammt von den Menschen auf Hawaii. Man findet diese Lava häufig in Lavaröhren. Sie ist glatt, fließt langsam und kühlt an der Oberfläche ab, während sie darunter weiterfließt. Doch Vorsicht! Sie sieht zwar kühl aus, ist aber noch sehr heiß!

Wie kommt es zu Erdbeben?

Die Erdkruste ist keine zusammenhängende Platte. Sie besteht aus mehreren riesigen tektonischen Platten. Diese bewegen sich zusammen mit dem zähflüssigen Gestein im darunterliegenden Erdmantel. Manchmal stoßen sie zusammen und schieben sich übereinander, manchmal treiben sie aneinander vorbei. Dabei kommt es zu Erschütterungen auf der Erdoberfläche. Meist zittert die Erde nur leicht, aber manchmal können durch ein starkes Beben auch ganze Häuser einstürzen.

Bei einem Erdbeben der Stärke 6 können ganze Häuser einstürzen.

Feuerring

Ein hufeisenförmiges Gebiet im Pazifik ist als „Feuerring" bekannt. Um ihn herum ereignen sich rund 90 Prozent aller Erdbeben. Der Grund ist, dass hier die Pazifische Platte auf drei andere tektonische Platten trifft. Sie alle schieben und drücken gegeneinander.

Echt jetzt?!
Ein Erdbeben der Stärke **8,8** hat im Jahr 2010 die Stadt Concepción (Chile) fast **3200 Meter** nach Westen versetzt.

WOW!
Jeden Tag ereignen sich rund **2500** Erdbeben. Die meisten sind so schwach, dass niemand sie spürt.

Wo ist das Epizentrum?

Durch die Verschiebung tektonischer Platten baut sich Spannung auf. Irgendwann bewegt sich dann die Kruste ganz plötzlich und erzeugt Schockwellen, die sich wie Wellen in einem Teich ausbreiten. Am stärksten sind sie im Epizentrum, also dem Punkt an der Oberfläche, unter dem das Erdbeben ausgelöst wurde. Bei starken Beben wackeln die Häuser und manchmal stürzen sie sogar ein.

BAU LOS!

Oh je, ein Erdbeben hat deine LEGO Modelle erschüttert! Verwende Dachsteine zur Darstellung der Risse in den Gebäuden und im Boden.

Wie stark ist ein Beben?

Sogenannte Seismografen messen die Magnitude (Stärke) von Erdbeben anhand einer Zahlenskala. Je höher die Zahl, desto stärker – und spürbarer! – ist das Erdbeben. Extrem starke Erdbeben erreichen auf der Skala die Magnitude 8 oder höher.

Was passiert, wenn Wasser superheiß wird?

Wenn unterirdisches Wasser extrem heiß wird, schießt es manchmal als Geysir aus dem Boden! Normalerweise dringt heißes, zähflüssiges Magma aus Spalten in der Erdkruste. Sehr selten liegen solche Spalten aber auch neben einem unterirdischen Wasservorkommen, zum Beispiel einem See. Dann erhitzt das Magma das Wasser sehr stark und – wuuusch! – schießt eine siedend heiße Fontäne in den Himmel!

Touristen beobachten Old Faithful, der durchschnittlich alle 91 Minuten für rund 2 bis 3 Minuten ausbricht.

Schon gewusst?

LEGO® Friends haben zwar keinen Geysir, aber vor dem **Heartlake City Hotel (Set 41684)** steht ein Springbrunnen. Mit den transparent-blauen Flammen- und Federplume-Elementen könntest du auch einen LEGO Geysir bauen!

WOW!
Auf dem Saturnmond Enceladus brechen seit **2005** ununterbrochen Geysire aus.

Sprudelnde Quellen

Superheißes Magma erhitzt unterirdisches Wasser und verwandelt es in Dampf. Da der Dampf auf engem Raum zusammengepresst wird, steigen Druck und Temperatur immer weiter an, bis Dampf und Wasser in einer starken Eruption aus dem Boden hervorbrechen.

BAU LOS!

Für ein Geysir-Modell brauchst du viele transparente Teile, und außerdem Steine mit Seitennoppen. So kannst du Teile in verschiedene Richtungen anbauen, damit aus deinem Geysir das Wasser sprudelt.

Eis-Eruptionen

Geysire gibt es nicht nur auf der Erde. Auf einigen Monden in unserem Sonnensystem beobachten Forschende Kryogeysire, die kein heißes Wasser, sondern wahrscheinlich eine Mischung aus eiskaltem Wasser, gefrorenem Kohlendioxid, Stickstoff, Kohlenwasserstoff und anderen Gasen speien.

Echt jetzt?!

Der höchste Geysir der Erde ist der Steamboat Geysir im Yellowstone-Nationalpark (USA). Er sprudelt mehr als **116 m** hoch.

Nicht blinzeln!

Bei vielen Geysiren dauert eine Eruption nur wenige Sekunden. Geysire brechen nur so lange aus, wie das Wasser superheiß ist. Sobald es abkühlt, endet die Eruption. Dann dauert es wieder ein paar Minuten oder Stunden, bis der nächste Zyklus beginnt. Zücke also schon mal die Kamera, aber halte auch genug Abstand!

Welt der Ozeane

Alle Lebewesen brauchen Wasser. Da trifft es sich gut, dass mehr als 70 Prozent der Erde mit Wasser bedeckt sind. Es sammelt sich in den Seen, Meeren und Flüssen, aber auch in den Gletschern und Eiskappen auf den Bergen. Die Welt des Wassers ist ein wichtiger Lebensraum. Dort leben viele Millionen Pflanzen und Tiere. Gleichzeitig liefert Wasser uns Menschen saubere, erneuerbare Energie. Es ist also für alle Lebewesen auf der Erde äußerst wichtig, diese Welt zu schützen und Wasser zu sparen – vor allem das saubere Trinkwasser!

Wie viel von der **Erde** ist mit **Meer** bedeckt?

Knapp drei Viertel der Erde sind mit Wasser bedeckt. Das meiste – über 96 Prozent – ist in den Meeren. Es gibt große und kleine Ozeane und Meere. Sie alle enthalten Salzwasser und sind miteinander verbunden. Ozeane sind riesig und reichen tiefer hinab, als die höchsten Gebirge in den Himmel ragen. Der größte Teil der Meere ist noch unerforscht.

BAU LOS!

Die ganze Welt aus LEGO® Steinen zu bauen, ist gar nicht so schwer, wie es klingt! Verbinde für die Ozeane mehrere blaue Grundplatten und bau die Formen der Kontinente und Länder aus kleinen Platten nach. Für Deutschland, Österreich und die Schweiz reichen hier drei winzige 1×1-Platten!

Verbinde die blauen Platten an der Unterseite mit Reihen aus schmalen Platten.

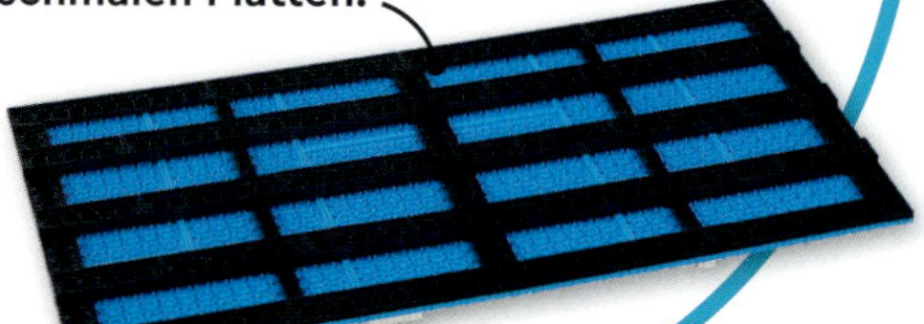

WOW!

Die Höhe des Mount Everest ist geringer als die Entfernung der Meeresoberfläche zum **tiefsten** bekannten Punkt im Meer.

Riesige Vielfalt

In den Meeren leben bis zu zwei Millionen verschiedene Arten von Lebewesen. Bisher konnten Forschende nicht einmal 30 Prozent von ihnen bestimmen. Es warten also noch jede Menge Meeresbewohner auf ihre Entdeckung!

Rote Klippenkrabbe

Tiere brauchen Eis

Auf der Meereisdecke und auf Gletschern leben viele Tiere wie Robben, Eisbären und Pinguine. Sie ziehen dort ihre Jungen groß und finden Beute. Wenn das Meereis schmilzt, verlieren sie ihren natürlichen Lebensraum.

Sattelrobben

Schon gewusst?

Viele LEGO Minifiguren lieben das Meer: von der Meerjungfrau über den Piraten und den SUP-Fahrer bis zum Tiefseetaucher – ganz zu schweigen vom Typen im Haikostüm!

Warum ist das Meer blau?

Sonnenlicht ist zwar weiß, aber es enthält viele Farben – wie ein Regenbogen. Je tiefer Sonnenlicht durch das Meerwasser dringt, desto mehr Farben werden von den Wasserteilchen aufgenommen, zuerst und vor allem das Rot. Wir sehen dann fast nur noch Blau oder Blau-Grün. Je tiefer das Meer, desto blauer wirkt es – aber nur bei Sonnenschein!

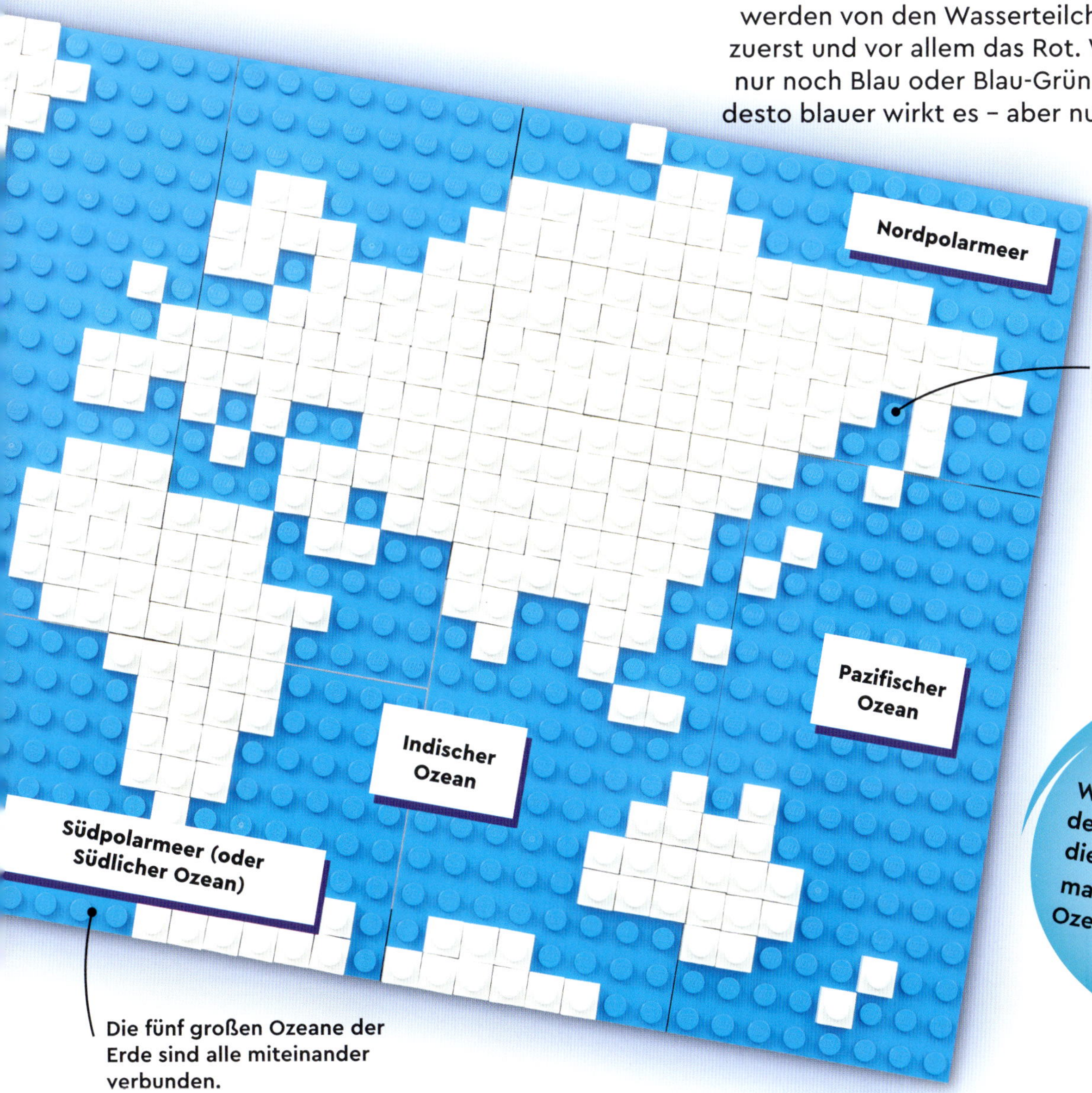

Die kleineren Meere sind flacher und oft von Land umgeben, aber nie vollständig eingeschlossen.

Die fünf großen Ozeane der Erde sind alle miteinander verbunden.

Echt jetzt?! Wir wissen mehr über den Weltraum als über die Ozeane. Nicht einmal **5 Prozent** der Ozeane sind erforscht.

Wer lebt in der Tiefsee?

Tief unter der Meeresoberfläche liegt eine wilde und erstaunliche Welt voller ungewöhnlicher Lebewesen, die in extremer Kälte überleben. Da das Licht der Sonne maximal 1000 Meter tief dringt, ist es dort unten stockdunkel. Das macht aber nichts, weil viele der dort lebenden Wesen biolumineszent sind. Das heißt, sie können mithilfe von chemischen Stoffen im Körper selbst Licht erzeugen. Trotzdem sind die Tiere in dieser Tiefe nur schwer aufzuspüren, weil sie viel tiefer tauchen können als wir Menschen!

WOW!
Der Gestreifte Seewolf lebt in so tiefem, kalten Wasser, dass er sein eigenes **Frostschutzmittel** herstellt. Das hält ihn warm!

Wie groß ist ein Riesenkalmar?

Die riesigen Tiere werden ihrem Namen mehr als gerecht: Sie werden durchschnittlich 13 m lang, also halb so lang wie ein Basketballfeld. Trotzdem sieht man sie sehr selten, weil sie in großer Tiefe leben. Dort ernähren sie sich von Fischen und anderen Kalmaren.

Von allen Fischen hat der Fangzahnfisch gemessen an seiner Körpergröße die größten Zähne.

Auffällig unauffällig

Fangzahnfische leben in mehr als 5 km Tiefe. Sie steigen nur nachts zur Oberfläche auf, um zu fressen. Mit den langen, spitzen Zähnen fangen sie andere Fische. Ihre dunkle Haut absorbiert das Licht und macht sie praktisch unsichtbar für Räuber.

Tiefsee-Beilfische haben hervortretende Augen, damit sie im Dunkeln besser sehen.

BAU LOS!

Die Mitte des Wals bilden Steine mit Seitennoppen. Darauf kannst du die Augen und die gebogenen Dachsteine stecken, die den geschwungenen Walkörper ergeben.

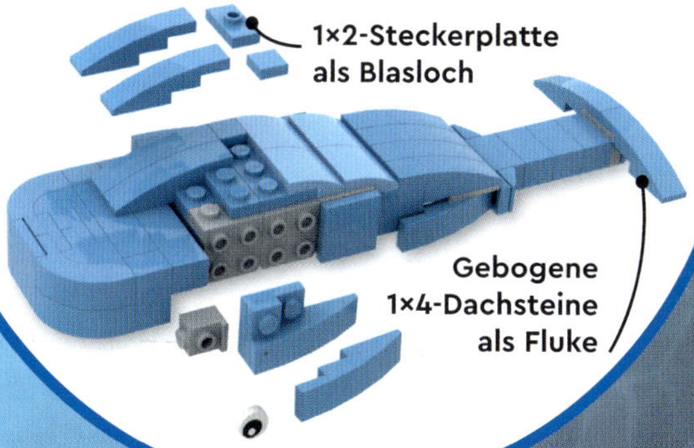

Echt jetzt?! Die Pottwale haben unter allen Tierarten das **schwerste Gehirn**.

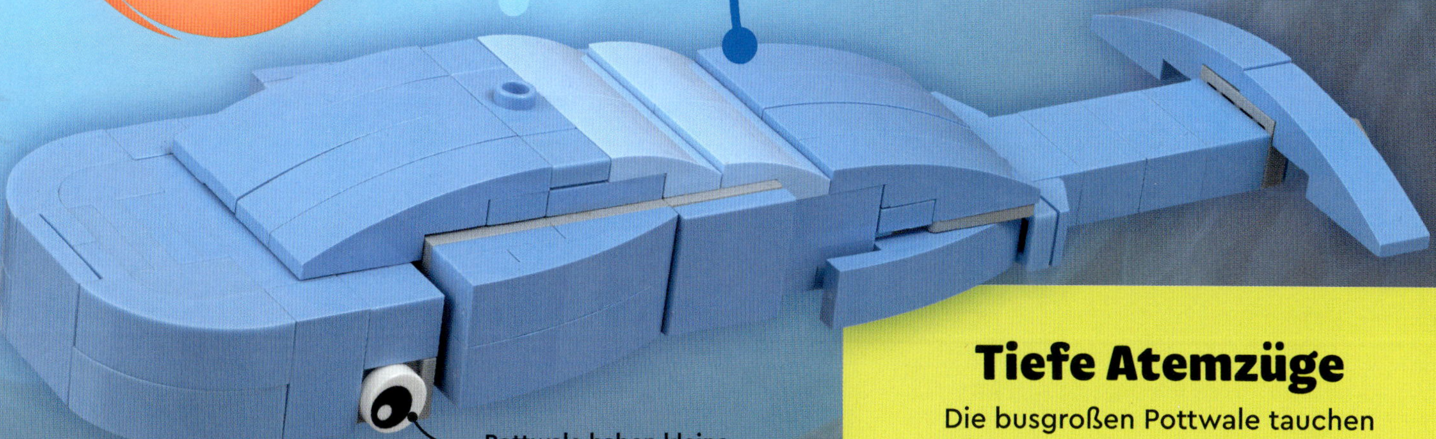

Pottwale haben kleine, glänzende Augen.

Tiefe Atemzüge

Die busgroßen Pottwale tauchen auf der Suche nach Nahrung bis zu 3 km tief. Sie können beinahe eine Stunde unter Wasser bleiben. Pro Tag verzehren sie mehr als 900 kg Nahrung, wie Fische, Haie und auch Riesenkalmare!

Riesenkalmare haben acht Arme und zwei lange Tentakel.

Schon gewusst?

Im Set **LEGO® City Meeresforschungs-U-Boot (Set 60264)** gibt es einen LEGO Tiefsee-Anglerfisch, der im Dunkeln leuchtet. Weibliche Anglerfische senden in der Tiefe des Ozeans Licht aus, um ihre Beute anzulocken!

Wo liegt der tiefste Punkt im Meer?

Der tiefste Punkt des Ozeans liegt im Marianengraben, rund 11 km unter der Meeresoberfläche. Das sind 2 km tiefer, als der höchste Berg der Erde, der Mount Everest, hoch ist! Einige der einzigartigsten Lebewesen leben dort in eiskalter, pechschwarzer Dunkelheit und unter extrem hohem Druck. Nur wenige Menschen sind bisher dorthin vorgedrungen. Wenn es dir gelänge, würdest du erstaunliche Tiere wie Dumbo-Oktopusse, Tiefsee-Anglerfische, Seegurken oder Igelwürmer sehen. Wie cool wäre das!

Schon gewusst?

Die **LEGO® City Meeresforschungsbasis (Set 60265)** ist für Tiefseeabenteuer ausgerüstet. Sie enthält ein andockfähiges U-Boot und eine Unterwasser-Drohne. Die Forschenden haben schon einen Hai und einen Rochen entdeckt!

WOW!
Der Druck am Grund des Marianengrabens ist mehr als **1000-mal** so hoch wie an der Erdoberfläche.

Echt jetzt?!
Die Vulkane im Marianengraben brechen regelmäßig aus, obwohl sie schon viele **Millionen** Jahre alt sind.

Was ist ein Meeresgraben?

Gräben sind V-förmige Täler am Grund des Ozeans. Sie entstehen an Orten, wo sich eine tektonische Platte unter eine andere schiebt und so eine lange, tiefe Rinne am Meeresboden erschafft.

Wie taucht man in den Marianengraben?

Meeresforschende erkunden die Tiefsee mit kleinen Tauchbooten. Die Unterwasserfahrzeuge widerstehen hohem Druck und halten die Passagiere warm. Bis zum Grund des Marianengrabens braucht ein solches Boot etwa vier Stunden. Genug Zeit, um die wundersamen Lebewesen zu bewundern.

Der tiefste Ort des Grabens ist das Challengertief.

Je tiefer man taucht, desto seltsamer sehen die Lebewesen aus.

BAU LOS!

Bau ein Tiefsee-Tauchboot, das sich weit hinab wagt. Durch eine große Fensterkuppel sieht man die Lebewesen und bewegliche Greifarme sammeln Proben.

Kleine Klemmen als Greifer

Kugelgelenke für bewegliche Arme

Tiere in der Tiefe

Die Flossen des seltsamen Dumbo-Oktopusses sehen aus wie die Ohren von Elefanten und aus dem Kopf des Anglerfisches ragt eine „Angel" mit einem baumelnden „Köder", der Beute anlocken soll.

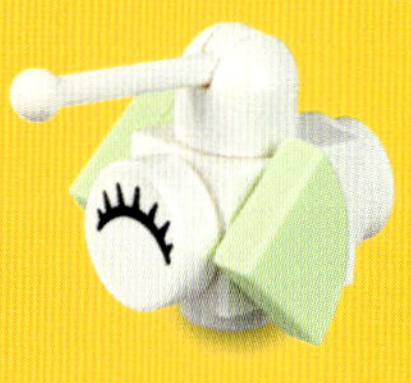

Tiefsee-Anglerfisch

Dumbo-Oktopus

Sind Korallenriffe lebendig?

Korallenriffe sehen vielleicht aus wie pflanzenbewachsene Steine, aber tatsächlich sind Korallen Kolonien aus Tausenden winziger Polypen. Diese Lebewesen fangen mit ihren Tentakeln Zooplankton (noch winzigere Tiere). Wenn sie wachsen, erzeugen die Polypen ein hartes Gerüst aus Kalkstein. Nach ihrem Tod bildet dieses Gerüst die Basis für neue Polypen. In ihnen leben Algen, die mithilfe von Sonnenlicht Zucker herstellen. Dieser dient den Polypen als Nahrung, während sie die Algen dafür mit Kohlendioxid versorgen. Es ist eine perfekte Partnerschaft!

BAU LOS!

Bau ein Korallenriff aus vielen bunten Teilen – je vielfältiger, desto besser. Pflanzen und Blüten oder Tentakelteile eignen sich gut. Vielfältig zusammengesteckte bunte, runde Platten sehen auch toll aus!

Runde 2×2-Platten

Barriereriff

Korallenriffe in Ufernähe bremsen die Wellen ab, sorgen bei Sturm für weniger Überflutungen und verhindern die Erosion und Zerstörung der Küsten. Sie sind eine Barriere, die Menschen, Tiere und Pflanzen schützt.

Bunte Algen in den Polypen verleihen auch den Korallen mehr Farbe.

Zur Sonne hin

Die meisten Korallen leben nahe der Meeresoberfläche, wo sie das Sonnenlicht gut erreicht. Die Algen in den Polypen brauchen das Licht für die Fotosynthese. Bei diesem Vorgang erzeugen sie Energie für sich und die Korallen.

Schon gewusst?

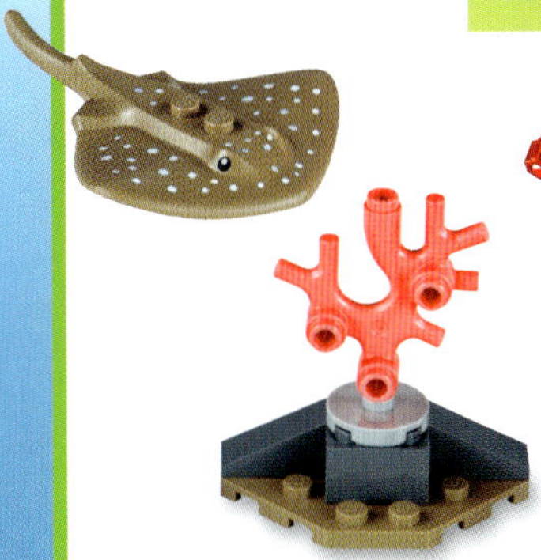

Der **LEGO® City Tiefseetaucher (Set 30370)** hat eine Koralle entdeckt. Du kannst den Rochen an der Koralle befestigen, sodass sie Seite an Seite leben, genau wie im Ozean.

Echt jetzt?!
Die größte Gefahr für die Korallenriffe ist der **Mensch**! Er überfischt und verschmutzt die Meere.

Kranke Korallen

Werden die Ozeane zu warm, verlassen die Algen die Polypen. Die Korallen sind dann nicht mehr rot, orange oder gelb, sondern weiß. Man nennt das Korallenbleiche. Weiße Korallen leben zwar noch, aber sie sind schwach und anfällig für weitere Schäden.

WOW!
Nur etwa **1 Prozent** der Ozeane enthalten Korallenriffe, aber ein Viertel aller Meereslebewesen findet dort Nahrung und Schutz.

Was erzählt uns ein Unterwasser-Wald?

Wälder unter Wasser? Das klingt wie aus einem Film, aber es gibt sie tatsächlich. Zumeist findet man sie in überfluteten Gebieten, aber manche Wälder wachsen sogar im Meer. Die Bäume – und ihre Wurzeln – geben uns Einblicke in einen einzigartigen Lebensraum und liefern Forschenden wertvolle Erkenntnisse. Wir erfahren mehr über den Klimawandel, entdecken erstaunliche neue Ökosysteme, in denen es vor Leben nur so wimmelt, und erfahren, wie sich Pflanzen an den Wasserspiegel anpassen.

Wasseranstieg

Ein konservierter Unterwasser-Wald vor der Küste von Alabama (USA) ist wohl mehr als 60 000 Jahre alt. In einer früheren Eiszeit standen die Bäume vermutlich an Land, doch als sich das Klima änderte und das Eis schmolz, wurde der Wald überflutet und anschließend von Sediment begraben.

Lebendige Wälder

Die meisten lebenden Unterwasser-Wälder bestehen aus braunem Seetang namens Kelp, aber in einigen gibt es Zypressen oder Mangrovenbäume. Sie können unter Wasser überleben, weil ihre Wurzeln so wachsen, dass sie aus dem Wasser ragen. So nehmen sie die benötigte Luft auf.

Echt jetzt?!

In Clear Lake (Oregon, USA) kannst du in einem Unterwasser-Wald schnorcheln, wenn dir die Wassertemperatur von **2 °C** nichts ausmacht. Brrr!

WOW!
2014 förderte ein Sturm in Wales (Großbritannien) Baumstümpfe eines uralten Walds zutage, die vor **4000 bis 6000 Jahren** aufhörten zu wachsen. Im salzigen Meerwasser sind die Pflanzen nicht verrottet.

Brandneue Ökosysteme

Kelpwälder liefern Algennahrung für Fische, Kraken und sogar Seeotter. Außerdem nehmen sie viel Kohlendioxid auf und tragen so zur Kühlung der Erde bei.

Seeotter

BAU LOS!

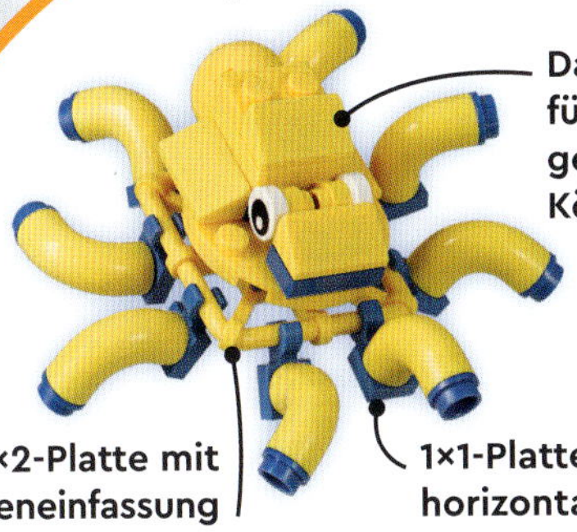

Bau deine eigenen Unterwasser-Waldbewohner. 1×1-Macaroni-Röhren mit runden 1×1-Platten in einer Kontrastfarbe ergeben tolle Tentakel für den blaugeringelten Kraken. Klemme die acht Beine an einer Platte mit Stangeneinfassung an.

Schon gewusst?

Das **LEGO® City Meeresforschungsschiff (Set 60266)** bietet die perfekte Ausrüstung zur Erforschung von Unterwasser-Wäldern. Das LEGO Schiff schwimmt tatsächlich. Der funktionierende Kran lässt das Tauchboot zu Wasser.

Wie viel Kraft haben Wellen?

Wellen können sanft plätschern und leise über den Strand rollen, sie können aber auch riesengroß und mächtig sein. Dann bringen sie Schiffe zum Kentern oder zerstören ganze Gebäude. Wenn sich Energie im Wasser ausbreitet, entstehen lauter kleine Kreisbewegungen. Mehrere Faktoren zusammen erzeugen riesige, kraftvolle Wellen: Wenn zum Beispiel über tiefem Ozean einige Tage lang starker Wind in Richtung Küste weht, werden die Wellen immer größer und stärker.

Schon gewusst?

Das **LEGO® Creator Surfer-Strandhaus (Set 31118)** ist ein Paradies für Surfer. Es enthält drei Surfbretter, Steine für einen Delfin und zwei Meeresschildkröten und sogar eine Pizza. Surfen macht hungrig!

Wellenspaß

Der Wind überträgt Energie auf das Wasser und erzeugt Wellen. Je kräftiger und länger der Wind bläst, desto höher werden sie. Surfer, Kanufahrer und Windsurfer freuen sich darüber. Bei starkem Sturm sollten sie aber lieber zu Hause bleiben.

WOW!

1958 rief ein Erdbeben in der Tiefe des Ozeans eine Tsunami-Welle hervor, die mehr als **525 m** hoch war. Das ist fast so hoch wie das höchste Gebäude der Welt, der Burj Khalifa in den Vereinigten Arabischen Emiraten!

Sandstrände

Wellen treiben ständig Wasser den Strand hinauf und saugen es wieder zurück ins Meer. Das Wasser verschiebt den Sand, bewegt kleine Krebstiere und Muscheln und verändert auf diese Weise die Form des Strandes. Mit jedem Wellenschlag wird der Strand erneuert.

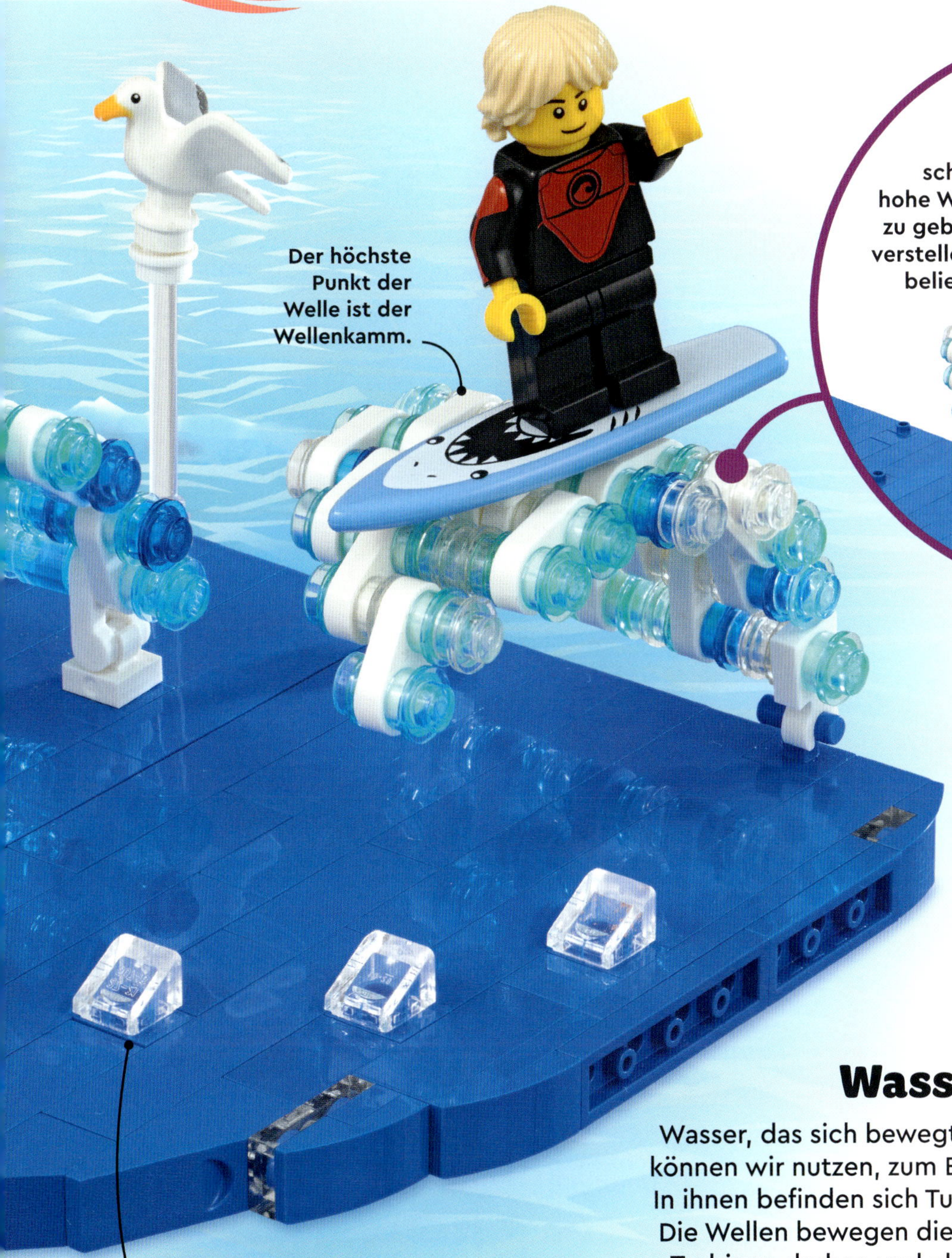

BAU LOS!

Mit runden 1×2-Platten schlagen deine LEGO Modelle hohe Wellen. Stecke runde 1×1-Platten zu gebogenen Wellen zusammen und verstelle danach die Winkel so, dass sie beliebig hoch oder flach werden.

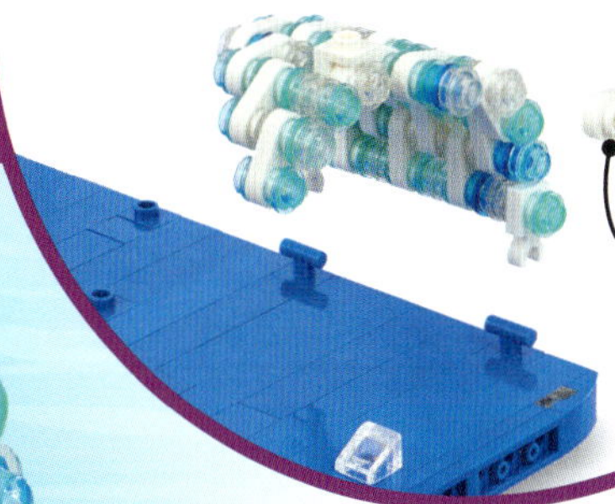

Echt jetzt?!

Der Deutsche Sebastian Steudtner stellte 2020 einen neuen Rekord für das Surfen auf der höchsten Welle auf: Sie war **26 m** hoch. Das ist etwa halb so hoch wie der Schiefe Turm von Pisa in Italien!

Wasserkraft

Wasser, das sich bewegt, hat sehr viel Energie. Diese können wir nutzen, zum Beispiel in Wellenkraftwerken. In ihnen befinden sich Turbinen mit großen Schaufeln. Die Wellen bewegen die Schaufeln, wodurch sich die Turbinen drehen und elektrische Energie erzeugen. Energie aus solchen natürlichen Quellen, die nie versiegen, nennen wir erneuerbar. Sie kann uns helfen, den Klimawandel zu verlangsamen.

Wichtige Ökosysteme

Ökosysteme sind Lebensgemeinschaften verschiedener Tier- und Pflanzenarten in einer bestimmten Umgebung. Solche Gebiete können riesig sein wie das Meer oder klein wie Gezeitentümpel. Es können auch Flussdeltas, Strände oder Flüsse sein. Sie sind die Heimat vieler Pflanzen und Tiere. Die Ökosysteme der Meere verhindern, dass das Land fortgespült wird. Sie liefern auch Nahrung für viele Landtiere.

Was lebt in einem Tümpel?

Am Strand herrscht ein stetes Auf und Ab. Wenn sich das Wasser zurückzieht, bleibt ein Teil in Mulden zurück und bildet kleine Gezeitentümpel. Braune, grüne und rote Algen, Seegras und Seetang leben in diesen veränderlichen Ökosystemen. Die Wellen liefern Muscheln, Seesternen, Schnecken und Krebsen, die auch dort leben, Sauerstoff und Zooplankton, also winzige Tiere, die für sie wahre Leckerbissen sind.

BAU LOS!

Krabben haben Scheren, mit denen sie Beute ergreifen und aufbrechen. Eine 1×2-Platte mit Kugel sorgt bei den Scheren dieser Krabbe für die nötige Beweglichkeit. Gebogene Dachsteine verleihen Körper und Scheren die nötigen Rundungen.

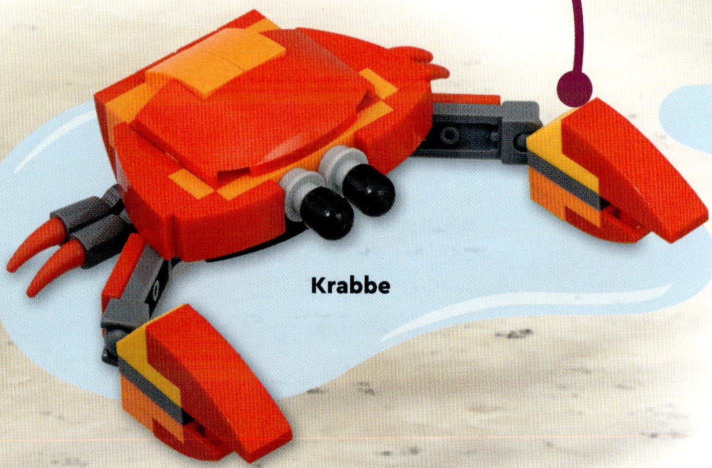

In der Falle!

Manchmal spülen heftige Wellen Tiere wie Fische ungewollt in einen Felstümpel. Der hohe Rand aus Steinen hält sie dann gefangen. So einer Falle entkommen sie nicht so ohne Weiteres ...

WOW!
Seegurken heißen zwar wie ein Gemüse, aber in Wirklichkeit sind es **Tiere** mit Hunderten Füßen – nicht zum Verzehr geeignet!

In Deckung!

Krebse fressen für ihr Leben gern Algen, Schnecken und Muscheln. Aber wenn sie eine Möwe sehen, verstecken sie sich rasch, um nicht selbst als Mittagessen zu enden.

Einsiedlerkrebs

Silbermöwe

Echt jetzt?!
Seeanemonen mit zugeklappten Tentakeln schlafen keineswegs – wahrscheinlich genießen sie gerade ein leckeres Festmahl.

Tiere finden hier viele Verstecke, in denen sie vor Räubern sicher sind.

Schon gewusst?

Die Minifiguren in **LEGO® Creator Strandurlaub (Set 31063)** genießen es, die Felstümpel zu beobachten. Danach chillen sie in der Hängematte oder im Stuhl auf dem Balkon – herrlich!

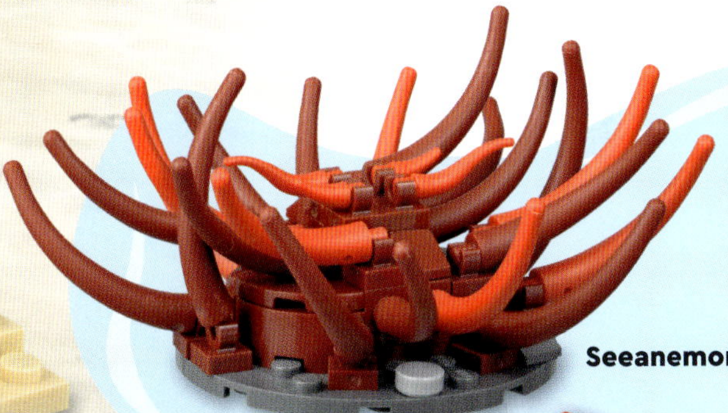

Seeanemone

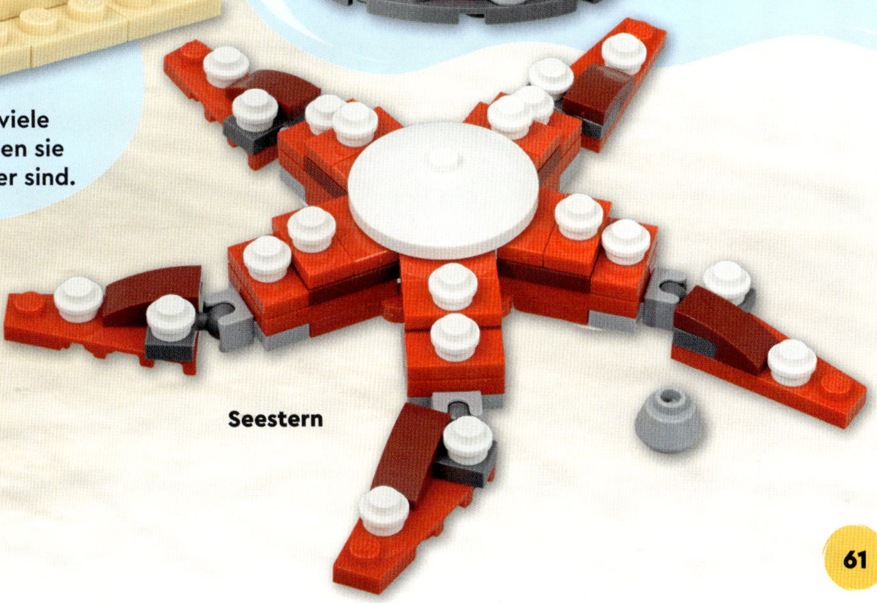

Seestern

Schön festhalten!

Seesterne halten sich mithilfe der Saugnäpfe an ihren Armen an Felsen fest. So können die Wellen sie nicht ins offene Meer tragen. Seeanemonen bleiben an Ort und Stelle, indem sie sich mit ihrem klebrigen Fuß an einem Stein verankern.

Wie schützen Sanddünen die Küste?

Sanddünen entstehen, wenn der Wind den Sand am Strand zwischen Steinen und Gräsern aufhäuft. Mit der Zeit wird der Berg immer höher. Auf der Düne breiten sich dann weitere Gräser aus. Ihre Wurzeln halten den Sand fest und geben der Düne Form und Struktur. Hohe grasbewachsene Dünen verhindern, dass die Wellen das dahinterliegende Land abtragen.

Echt jetzt?!
Die Sanddünen im Eureka Valley (Kalifornien, USA) **singen**! Bei Wind hört man dort einen lauten, tiefen Ton.

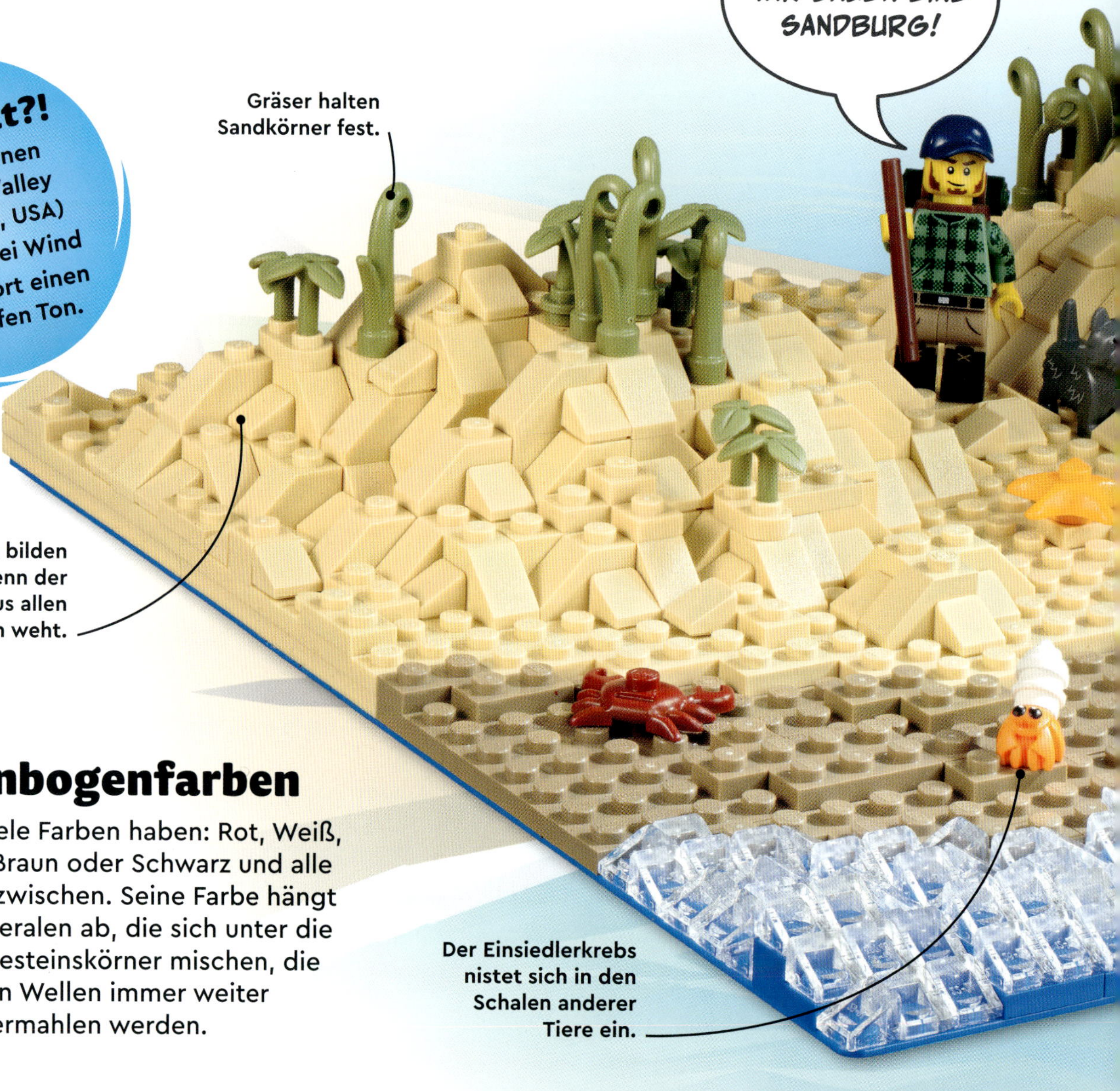

Regenbogenfarben

Sand kann viele Farben haben: Rot, Weiß, Pink, Grün, Braun oder Schwarz und alle Farbtöne dazwischen. Seine Farbe hängt von den Mineralen ab, die sich unter die winzigen Gesteinskörner mischen, die von den Wellen immer weiter zermahlen werden.

Schon gewusst?

Die **LEGO® City Rettungsschwimmer-Station (Set 60328)** beinhaltet eine Meeresschildkröte, die für ihre Eier ein Nest in eine Sanddüne gegraben hat. Ein Strandwächter passt auf, dass niemand dem Nest zu nahe kommt.

Bau dein eigenes Abenteuer!

Mit feuchtem Sand kannst du tolle Sandburgen bauen. Das Wasser rund um jedes einzelne Sandkorn wirkt wie Klebstoff! Burgen, Autos, Schiffe – deiner Fantasie sind keine Grenzen gesetzt. Oder du verbuddelst einfach die Beine deines Freundes ...

Sand der Zeit

Sand besteht zum Großteil aus Silizium, einem Mineral der Erdkruste. Wind und Wasser haben es zu winzigen Körnchen zermahlen und überall verteilt. Das heißt, dass deine Sandburg früher Teil des Untergrunds war, auf dem du heute stehst!

BAU LOS!

Mit transparenten 1×1-Steinen kannst du an deinem LEGO Strand den Effekt von brechenden Wellen darstellen. Richtest du sie unterschiedlich aus, sieht es aus, als bewege sich das Wasser.

WOW!

In der Wüste können Sanddünen 230 m hoch werden. Das ist höher als der Kölner Dom!

Was ist ein Flussdelta?

In einem Delta – einer Flussmündung – fließt Süßwasser aus einem Fluss in das Salzwasser des Meeres. Ein solches Gebiet voller Sümpfe, Gräser und Tiere bildet ein gigantisches Nahrungsnetz. Krebse, Garnelen und andere Schalentiere werden von größeren Tieren wie Fischottern, Krokodilen, Reihern oder Gänsen gefressen. Deltas schützen zudem die Küsten vor Überflutungen und bieten gute Möglichkeiten für Angler.

WOW!
Über **200** Fischarten leben in Deltas oder haben dort ihre Kinderstube.

BAU LOS!

Wenn du Tiere im Mikromaßstab bauen willst, denke an ihre wichtigsten Besonderheiten und Farben. Lange Klemmen ergeben zum Beispiel tolle Kranichbeine und aus einem Horn wird ein spitzer Schnabel zum Fischefangen.

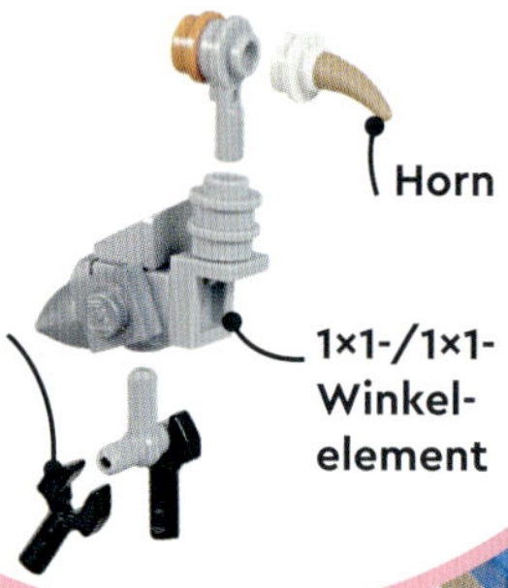

Fisch-Kinderstube

Flussmündungen haben Bereiche mit fließendem und solche mit stehendem Wasser. Viele Fischarten legen ihren Laich (ihre Eier) hier ab, weil es viel Nahrung gibt. Außerdem sind die Jungfische besser vor Räubern geschützt. Zu den Fischarten, die in Deltas aufwachsen, gehören Lachse und Heringe.

In den Mündungsgebieten gibt es viel Schlamm und Sand.

Schmutzfilter

Wasser, das vom Land ins Meer fließt, muss das Delta passieren. Dort nehmen die Pflanzen und die Sümpfe Schadstoffe auf und filtern die Sedimente. Sie säubern also das Wasser, bevor es in die Ozeane fließt.

Schon gewusst?

Das **LEGO® Creator Hausboot (Set 31093)** lässt sich zu einem Wasserflugzeug oder Fischerdorf umbauen. Die abenteuerlustigen Minifiguren hätten nie gedacht, dass sie im Delta auf ein LEGO Krokodil stoßen!

Wo Flüsse ins Meer fließen

Flussdeltas führen Brackwasser, das ist ein Gemisch aus Süß- und Salzwasser. Das schwerere Salzwasser sinkt zum Grund, während das leichtere Süßwasser die obere Schicht bildet. Durch die Gezeiten bewegt sich das Wasser ständig auf und ab und vor und zurück. So entsteht ein einzigartiges Ökosystem, das zu den artenreichsten der Erde zählt.

Echt jetzt?!

22 der 32 **größten Städte** der Welt liegen an einer Flussmündung, darunter London, New York und Schanghai.

Wieso haben Flüsse Biegungen?

In Flüssen strömt das Wasser so schnell, dass es entlang des Ufers den Boden abträgt. Wenn die Erde dort abbröckelt, drängt das Wasser an den frei gewordenen Platz, bahnt sich einen neuen Weg und flacht das Ufer mit der Zeit immer weiter ab. Auf der gegenüberliegenden Uferseite fließt das Wasser entsprechend langsamer, sodass sich Sediment (kleine Gesteine, Pflanzen oder Minerale) ablagert. Im Lauf der Zeit schafft sich der Fluss auf diese Weise eine Biegung, die wir Mäander nennen.

WOW!
Der größte Biberdamm der Welt steht in Alberta (Kanada). Er ist 850 m lang und sogar aus dem Weltraum sichtbar!

Biber-Baue

Manchmal werden Flüsse auch durch andere Kräfte verändert. Tiere wie Biber bauen Dämme und stauen so das Wasser im Fluss auf. Dann bahnt sich der Fluss einen Weg um den Damm herum.

BAU LOS!

Biber haben große Zähne und einen langen, platten Schwanz. Eine Platte mit Klemme und eine mit Stange machen den Schwanz beweglich. So kann er aufs Wasser schlagen wie bei einem echten Biber. Zwei vertikale 1×1-Platten mit Zahn ergeben tolle Biberzähne.

Schon gewusst?

Im LEGO Fluss gibt es neben Fischen noch andere Schätze, wie dieser Juwelendieb in **LEGO® City Flucht durch die Stromschnellen (Set 60176)** feststellt. Doch ein Stinktier verteidigt die Edelsteine.

Bäume als Uferschutz

Um zu verhindern, dass ein Flussufer abgetragen wird, kann man Bäume pflanzen. Ihre Wurzeln halten den Boden fest. Er kann so der Kraft des Wassers widerstehen, das ständig vorbeifließt.

Langsam fließendes Wasser lagert am inneren Ufer Schlamm und Sedimente ab.

Echt jetzt?!

In der Wanderzeit der Lachse versammeln sich bis zu **20** Bären, um sich satt zu fressen.

Reiche Fischgründe

In Fließgewässern leben oft viele Fische. Ein Festmahl für Grizzlybären! Sie waten gern ins Wasser und fischen vor allem Lachse aus den Stromschnellen. Lachse schwimmen und springen flussaufwärts zur Quelle hin, also entgegen der Fließrichtung des Wassers.

Wunder der Natur

Natur, die sogenannte Biosphäre, findet sich überall – auf, über und unter dem Erdboden. Sie umfasst alle Orte, an denen Tiere und Pflanzen leben können, von der Tiefsee bis hinauf in die obersten Schichten der Atmosphäre. Erde, Wasser und Luft sind ebenfalls Teil der Biosphäre. Alles innerhalb der Biosphäre ist unglaublich wichtig, denn es hält alle Lebewesen am Leben – auch uns Menschen.

Wie entsteht ein Wasserfall?

Der höchste Wasserfall der Welt ist der Salto Angel in Venezuela (Südamerika). Mit einer Höhe von 979 m ist er kaum zu übersehen: Er ist fast dreimal so hoch wie der Eiffelturm in Paris! Das Wasser des Río Kerepakupai Merú stürzt von einem uralten Felsplateau fast senkrecht nach unten und fließt dann weiter. Der Wasserfall ist nur per Flugzeug oder Helikopter zu erreichen. Bei dieser Höhe wäre das Klettern viel zu schwer!

Der Salto Angel wurde nach dem US-amerikanischen Piloten Jimmy Angel benannt, der ihn im Jahr 1933 wohl als Erster entdeckte.

Echt jetzt?!
Der Salto Angel ist **15-mal höher** als die Niagarafälle an der Grenze zwischen USA und Kanada.

Stromschnellen

Wasserfälle bilden sich meist, wenn Wasser rasch über Felsen fließt. Dabei wird weicheres Gestein schneller abgetragen, sodass eine hohe Kante aus hartem Fels übrig bleibt. Über diese Kante stürzt das Wasser hinab.

Schon gewusst?

Der **LEGO® Friends Wasserfall im Wald (Set 41677)** besteht aus nur einem transparent-blauen Element. Dahinter ist ein geheimnisvoller Kristall verborgen. Ob die Freunde ihn wohl entdecken?

Die Kraft des Wassers schleift das Gestein ab.

Beeindruckendes Ökosystem

Der Salto Angel liegt mitten im Dschungel des Amazonasgebiets. Im vielfältigen Ökosystem am Fuß des Wasserfalls leben Jaguare, Gürteltiere, Große Ameisenbären, Tapire und verschiedene Affen.

BAU LOS!

Einen Ameisenbär und einen Tapir in Mikromaßstab kannst du aus ähnlichen Teilen bauen. Beide haben lange Nasen oder Schnauzen, für die sich ein Horn eignet. Nimm für den Stummelschwanz des Tapirs eine runde 1×1-Platte und für den buschigen Schwanz des Ameisenbären einen 1×1-Dachstein.

Regenmantel gefällig?

Der Salto Angel ist so hoch, dass in der Sommerhitze ein Teil des Wassers am oberen Ende so heiß wird, dass es verdampft. Es entsteht ein dichter Nebel, der langsam zu Boden sinkt.

WOW!
Die erste Person, die sich erfolgreich in einem Fass die Niagarafälle hinabstürzte, war im Jahr 1901 die US-amerikanische Lehrerin Annie Edson Taylor. Sie war **63** Jahre alt!

Wie bildet sich ein See?

Die meisten Seen enthalten Süßwasser, das von schmelzenden Gletschern, Regen oder Schnee stammt. Manchmal kommt Süßwasser auch aus unterirdischen Grundwasserseen. Wasser sammelt sich in Hohlräumen an und dringt von dort aus an die Oberfläche. Tiere und Pflanzen und auch wir Menschen brauchen Süßwasser zum Überleben. Außerdem kann man in Seen wunderbar schwimmen und angeln.

Schon gewusst?

Im **LEGO® Ideas Alten Angelladen (Set 21310)** gibt es Angelschnüre, Harpunen, Haken und vieles mehr für Minifiguren, die gern angeln. Sie können dort sogar ein Boot mieten.

Echt jetzt?!

Der Lake Superior in Nordamerika ist mit **82 100 km²** der größte Süßwassersee der Welt. Er ist fast so groß wie Österreich!

Zeit zum Angeln

In Seen kann man sehr gut angeln. Allerdings muss man dabei auf die Jahreszeit achten. Da Fische keine Kälte mögen, halten sie sich im Herbst und Winter im tiefen Wasser warm. Bei milderen Temperaturen findet man sie eher im flachen Wasser.

WOW!
Die **Baikalrobben** im Baikalsee (Russland) sind die einzigen Süßwasserrobben der Welt.

Trinkwasser

Die Great Lakes (Großen Seen) in Nordamerika enthalten etwa 20 Prozent des gesamten Süßwassers der Erde. Sie liefern Trinkwasser für mehr als 40 Millionen Menschen.

Süß oder Salzig?

Nur rund 2,5 Prozent des Wassers auf der Erde ist Süßwasser, der Rest ist salziges Meerwasser. Fast das gesamte Süßwasser ist in Eis und Grundwasser enthalten. Da bleibt nicht viel zum Trinken übrig – auch nicht als Lebensraum für Tiere wie Enten und Schwäne. Wir müssen mit Süßwasser sehr sorgsam umgehen!

Forelle, Lachs und Zander sind bei Anglern beliebte Süßwasserfische.

BAU LOS!

Wenn sich deine Tier-Modelle bewegen können, kannst du noch besser mit ihnen spielen! Kopf und Hals dieses Schwans haben Gelenke aus Stangen und Klemmen und sind daher biegsam.

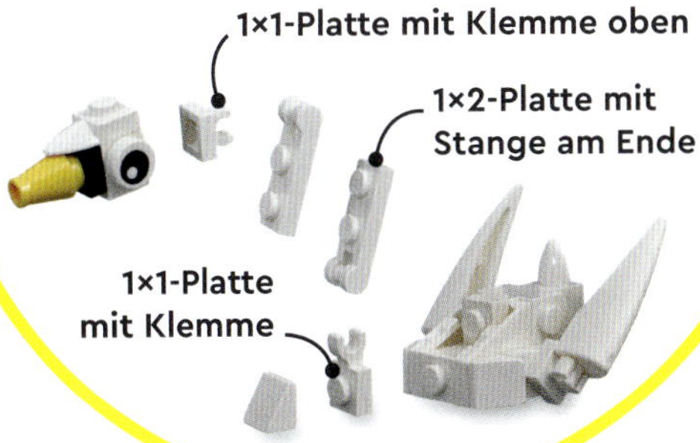

Wie erzeugen Sümpfe Energie?

Sümpfe sind nass und schlammig und genau deshalb voller Pflanzen und Tiere. Da es dort immer feucht ist, verrottet alles rasch. Blätter, Pflanzenteile und andere organische Stoffe sinken auf den Grund und werden mit Erde bedeckt. Im Lauf von Jahrmillionen lagerte sich in uralten Sümpfen auf diese Weise Schicht auf Schicht und damit stieg auch stetig der Druck. Dadurch verwandelten sich die organischen Stoffe in Kohle, die heute gefördert wird. Sie dient uns als Brennstoff zur Energieerzeugung.

Schon gewusst?

Jeder der Sumpfbewohner in dem **LEGO® Creator 3-in-1-Set Krokodil (31121)** bekommt seine Lieblingsbeute mitgeliefert. Das Krokodil frisst den bunten Vogel, der Frosch die kleine Fliege und die Schlange hätte am liebsten die Maus.

WOW!
Der einzige Ort der Erde, an dem sowohl Alligatoren als auch Krokodile leben, sind die **Everglades** in Florida (USA). Sie sind kein Sumpf, sondern ein sehr langsam fließender Fluss.

Aus der Tiefe

Ein großer Teil der Kohle, die wir heute verbrennen, entstand im Karbon-Zeitalter vor 359 bis 299 Millionen Jahren! In dem heißen, feuchten Klima damals gab es viele Sümpfe – daher wurde viel organisches Material abgelagert.

Achtung, Alligator!

Alligatoren lieben Sümpfe. Sie sind gute Unterwasser-Jäger und da es im Sumpf viele Tiere gibt – wie Schildkröten, Frösche, Fische, Vögel und Otter – ist dies der ideale Ort für hungrige Alligatoren. Zudem liegen Sümpfe oft in warmen Gegenden und Alligatoren mögen keine Kälte.

Echt jetzt?!
Sümpfe speichern mehr als **50-mal** so viel Kohlenstoff aus der Atmosphäre wie Regenwälder.

BAU LOS!

Mit Klickscharnieren kann dein LEGO Alligator bestens zuschnappen. Seine Kiefer offenbaren stattliche Reihen scharfer Alligatorenzähne. Platten mit Zähnen eignen sich dafür perfekt!

Unentbehrlich

Sümpfe speichern Kohlenstoff aus der Atmosphäre und von verrottenden Tieren und Pflanzen. Dadurch sinkt der Kohlenstoffgehalt in der Luft, der sonst der Umwelt schaden würde. Zudem verhindern Sümpfe Überflutungen, weil sie viel Wasser speichern und es nur langsam an die Umgebung abgeben. So wird das Land nicht plötzlich überschwemmt.

In Sümpfen können sich Tiere gut verstecken. Das ist hilfreich, wenn ein Alligator nach Beute sucht!

Warum bewegen sich Gletscher?

Gletscher sind riesige Eismassen aus gefrorenem Schnee. Aber sie bewegen sich – wenn auch nur sehr langsam. Wieso? Das Gewicht des Gletschers lastet so schwer auf der Unterseite, dass das Eis dort zu schmelzen beginnt. Es wird weicher und gleitet am Boden langsam abwärts. Durch die Reibung zwischen dem Gletschereis und dem Boden entsteht Wärme. So taut noch mehr Eis an. Dadurch rutscht ein Gletscher pro Tag etwa 30 cm vorwärts.

Echt jetzt?!

Eisbären und Pinguine treffen sich nie: Eisbären leben in der **Arktis** (Nordpol), Pinguine in der Region rund um die **Antarktis** (Südpol).

Putzige Pinguine

Pinguine haben sich an die eiskalte Antarktis angepasst, den südlichsten Kontinent der Erde. Ihre Fettschicht (Blubber) hält sie warm und ihre verzahnten Federn sind wasserdicht. Damit auch die Füße nicht abfrieren, können sie auf dem Schwanz balancieren!

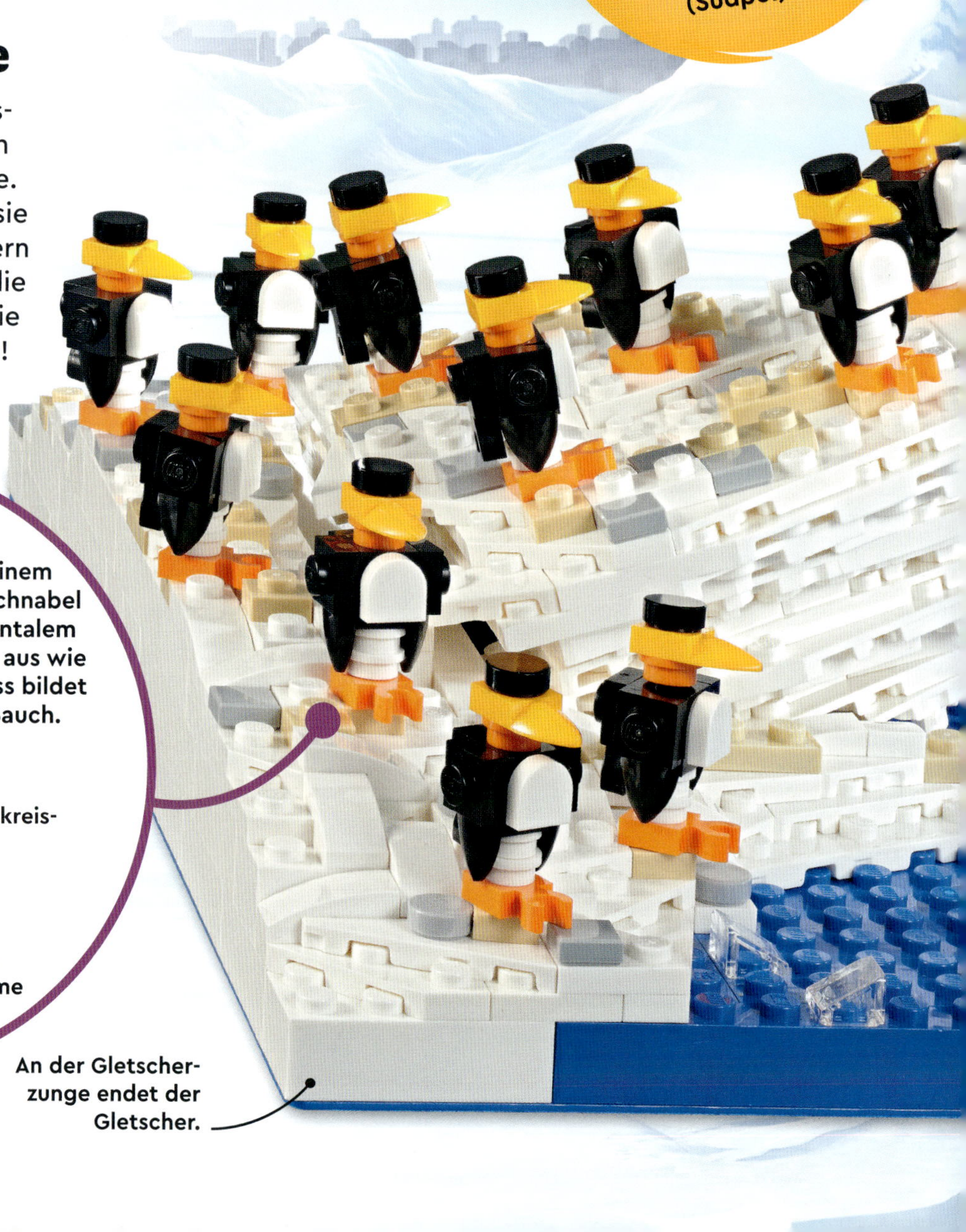

BAU LOS!

Diese Pinguine können auf deinem Gletscher wohnen. Flügel und Schnabel bestehen aus Platten mit horizontalem Zahn. Platten mit Klemme sehen aus wie Füße und Schwanz. Den Abschluss bildet eine glatte, weiße Kachel als Bauch.

An der Gletscherzunge endet der Gletscher.

Schon gewusst?

Der **LEGO® City Arktis-Erkundungstruck (Set 60194)** hat Geländereifen und Ketten, ohne die man in der verschneiten Umgebung nicht vorwärtskommt. Minifigur-Forschende haben Ferngläser, Signalleuchten und Kameras, um die Eishöhle des Eisbären aufzuspüren.

Leben in der Kälte

Wenn du an Eis denkst, dann kommen dir vielleicht die Eisbären in den Sinn. Sie leben auf und in der Nähe von Gletschern in der Arktis, also der Region um den Nordpol. Ihr Pelz hält sie schön warm, während sie Robben jagen oder schlafen.

Eisbär

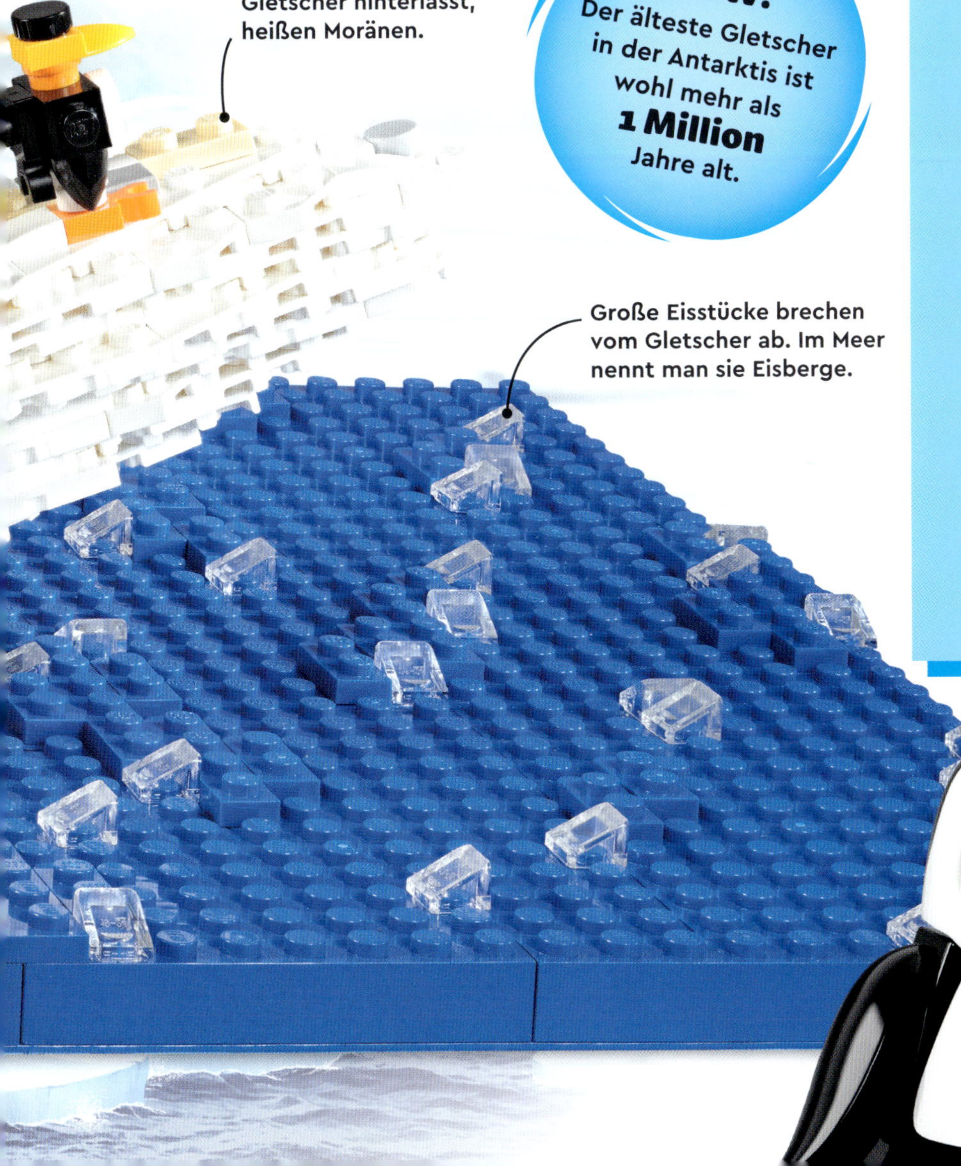

Ablagerungen von Erde und Steinen, die ein rutschender Gletscher hinterlässt, heißen Moränen.

Große Eisstücke brechen vom Gletscher ab. Im Meer nennt man sie Eisberge.

WOW!
Der älteste Gletscher in der Antarktis ist wohl mehr als 1 Million Jahre alt.

Schneewunder

Gletscher bestehen aus Schnee, der Jahr für Jahr auf sie fällt und nicht schmilzt. Neuer Schnee presst den alten immer stärker zusammen, sodass dicke Eisschichten entstehen. Kannst du dir vorstellen, wie viele Schneeflocken in einem Gletscher sind? So weit kann niemand zählen!

Biome

Biome sind große Gebiete mit einem bestimmten Klima, in denen spezielle Pflanzen und Tiere leben. Biome umfassen mehrere Ökosysteme oder Lebensgemeinschaften, in denen alle Organismen voneinander abhängig sind. Das Klima, also das langfristige Wettermuster, bestimmt, welche Ökosysteme dort gedeihen können. In einem Wüstenbiom müssen Pflanzen und Tiere beispielsweise Trockenheit vertragen, während sie im Regenwald mit Feuchtigkeit zurechtkommen müssen.

Ist es in Wüsten immer heiß?

Die meisten Menschen stellen sich unter Wüsten sehr heiße, trockene Gegenden mit jeder Menge Sand vor, aber tatsächlich ist jedes Gebiet mit weniger als 25 cm Niederschlägen pro Jahr eine Wüste. Die heiße Sahara in Afrika mit ihren Sanddünen passt zu dieser Beschreibung, aber auch die viel kältere Wüste Gobi in Asien oder die Antarktis. In der Antarktis fallen sehr wenig Niederschläge und es gibt kaum Pflanzen und Tiere: Sie ist die größte Kältewüste der Erde.

WOW!
Rund **ein Drittel** der Erdoberfläche ist von Wüsten bedeckt, und sie breiten sich immer mehr aus.

Antarktis

Trampeltiere haben lange, dichte Wimpern und spezielle Lider, die die Augen bei Sandstürmen schützen.

Anpassung

Wüstentiere wie die Mendesantilope, die Springmaus oder der Fennek meiden die Hitze und jagen morgens und abends in der Dämmerung. Um in der trockenen Gegend zu überleben, können Kamele, Wüstenschildkröten und Gila-Krustenechsen Wasser in ihrem Körper speichern.

Fennek

Kalifornische Wüstenschildkröte

Zähe Pflanzen

Kakteen und Sukkulenten lieben heißes, trockenes Klima. Sie speichern Wasser in den Wurzeln. Die Josua-Palmlilie hat zum Beispiel dicke Blätter und bis zu 9 m lange Wurzeln, die das tief unter dem Sand liegende Wasser erreichen.

Schon gewusst?

Zum **LEGO® City Wüsten-Rennwagen (Set 60218)** gehört auch eine Skorpion-Figur. Vielleicht sollte der Fahrer lieber im Auto bleiben?

Sonnenenergie

Sonnenlicht steckt voller Energie und wir verfügen bereits über die nötige Technik, um sie zu nutzen. Mit speziellen Modulen in der Mojave-Wüste in Kalifornien (USA) wird Sonnenenergie eingefangen, in Elektrizität umgewandelt und in die Häuser geleitet.

Echt jetzt?!
In Teilen der Atacamawüste (Chile) hat es seit **40 Millionen** Jahren nicht mehr geregnet.

BAU LOS!

Einen Kaktus kannst du aus Steinen mit Seitennoppen und runden Platten um eine Struktur in der Mitte herumbauen. Platten, die in verschiedenen Winkeln angebracht werden, ergeben interessante Äste, und die Noppen stellen die Nadeln dar.

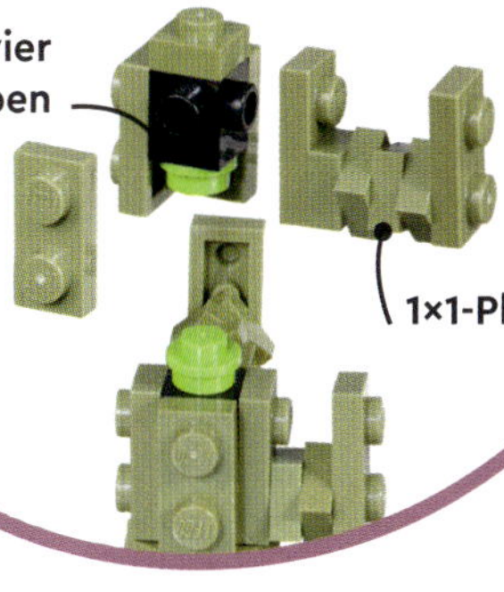

Warum ist es im Gebirge kühler?

Berge sind hohe Gesteinsformationen mit steilen Hängen und einem Gipfel oben. Wenn sie sehr hoch sind, kann man sie nur schwer erklettern. Je höher man kommt, desto niedriger wird der Druck in der Atmosphäre und die Luft wird dünner. Da Druck und Temperatur zusammenhängen, führt niedriger Druck oft zu tiefen Temperaturen. Nimm deshalb warme Kleidung mit, wenn du einen hohen Berg besteigst!

Echt jetzt?!
Jedes Jahr versuchen über **1200** Personen, den Mount Everest zu besteigen, aber nicht einmal die Hälfte davon schafft es.

WOW!
Der höchste bekannte Berg steht auf dem Mars! Olympus Mons ist beinahe **22 km** hoch, das ist knapp dreimal so hoch wie der Mount Everest.

Kondor

Yak

Wer lebt am Gipfel?

Das Leben in den Gipfelregionen ist nicht leicht, aber Braunbären, Tibetfüchse, Kondore und Yaks sind daran angepasst. Sie können die dünne Luft atmen und ihr dichtes Fell oder Federkleid hält sie warm, während sie nach Nahrung suchen.

Pflanzen

Pflanzen, die im Hochgebirge leben, müssen Kälte und Trockenheit aushalten. Der Wacholderbaum ist daran angepasst. In Talnähe, wo es wärmer und feuchter ist, müssen Pflanzen weniger angepasst sein.

Schnee? Kein Problem!

Tiere, die im Gebirge leben, verfügen über besondere Eigenschaften, die ihr Überleben sichern. So wärmen Schneeleoparden die Luft, die sie einatmen, an, bevor sie in die Lunge gelangt. Andentapire haben ein dichtes, wolliges Fell, das sie auch in der Kälte gemütlich warm hält.

Andentapir

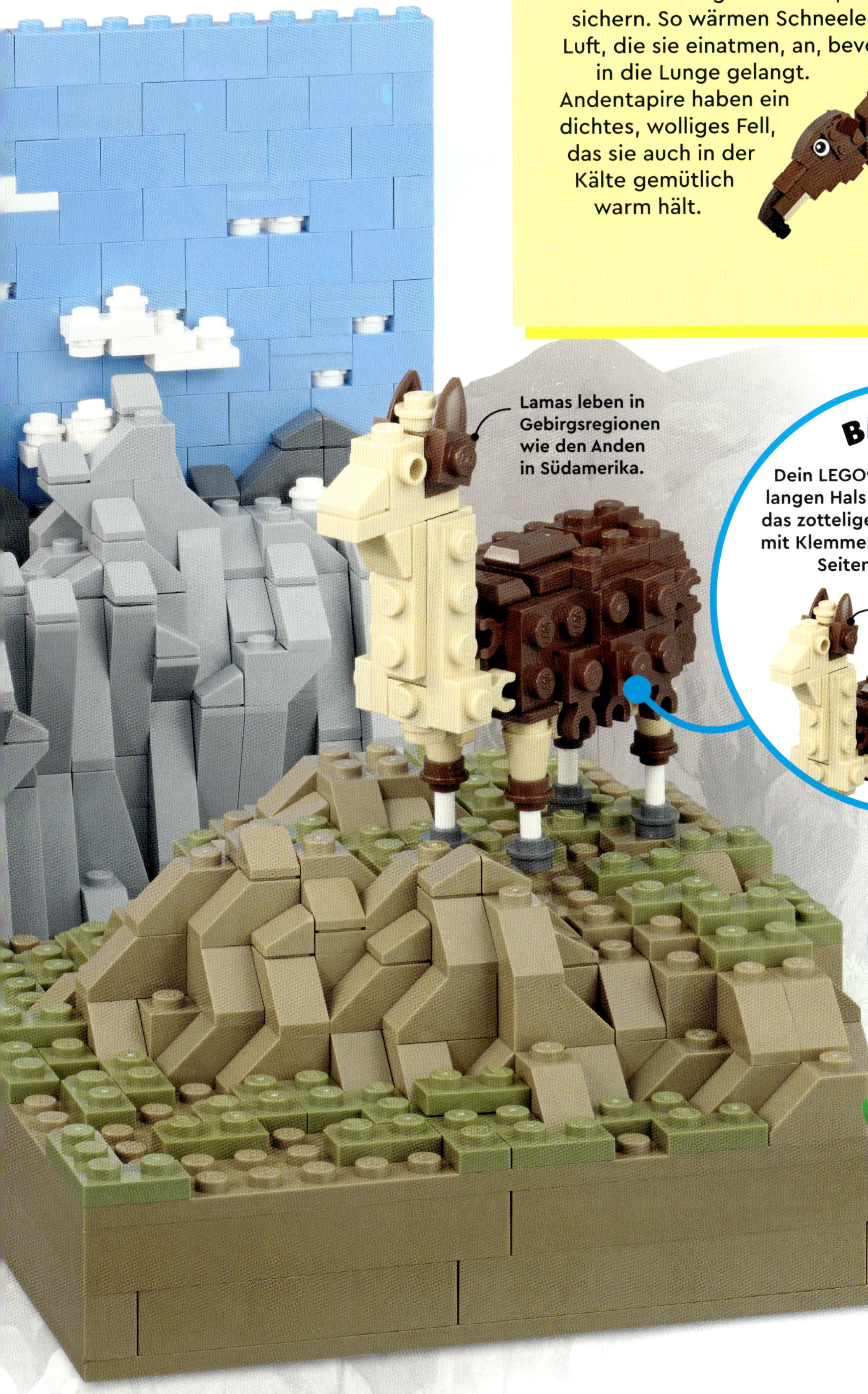

BAU LOS!

Dein LEGO® Lama braucht einen langen Hals und spitze Ohren. Bau das zottelige Fell aus vielen Platten mit Klemmen, die du auf Steine mit Seitennoppen steckst.

Warum regnet es im Regenwald?

Die meisten Regenwälder liegen in der Nähe des Äquators, der gedachten Linie rund um die Mitte der Erde. Dort treffen die Sonnenstrahlen fast senkrecht auf den Boden (und nicht in einem flachen Winkel) und es wird sehr heiß. Da Pflanzen in der Wärme besser wachsen, gibt es im Regenwald viele Bäume, und sie erzeugen viel Regen: Durch die Wurzeln nehmen die Bäume Wasser auf und transportieren es durch den Stamm bis in die Blätter. Dort verdunstet es und es bilden sich Wolken in der Luft. Wasser macht die Wolken schwer, sodass es als Regen zu Boden fällt. Es ist ein ewiger Kreislauf.

Echt jetzt?!
Wegen der vielen Bäume im Regenwald dauert es bis zu **10 Minuten**, bis ein Regentropfen den Boden erreicht.

Schon gewusst?

Der **Dschungelforscher** mit seiner Outdoor-Kleidung fühlt sich im Regenwald wie zu Hause. Mit der Lupe hat die LEGO® Minifigur ein gut verstecktes Chamäleon entdeckt!

Pfeilgift-frösche

Roter Brüllaffe

Tummelplatz für Tiere

Wahrscheinlich leben in den Regenwäldern etwa 10 Millionen verschiedene Tierarten, von den winzigen Asiatischen Weberameisen bis hin zu den riesigen Orang-Utans. Das Gift eines Pfeilgiftfroschs kann 10 Personen töten und der Rote Brüllaffe ist so laut, dass man seine Stimme 2 km weit hört.

WOW!
Der Amazonas-Regenwald in Südamerika hat eine Fläche von **5,5 Millionen km².** Das ist mehr als die Hälfte der USA!

Ein Großer Ameisenbär fängt am Tag bis zu 35 000 Ameisen.

Scharlachrote Aras ernähren sich von Früchten und Nüssen.

Gürteltiere rollen sich zum Schutz vor Räubern zu einer Kugel zusammen.

Arzneipflanzen

Mehr als 120 Medikamente werden aus Regenwald-Pflanzen gewonnen. Die Rosafarbene Catharanthe liefert einen Stoff gegen Leukämie und Teile des Kapokbaums werden zur Behandlung von Diabetes genutzt.

Kapokbaum

Schätze des Regenwalds

Einige unserer liebsten Nahrungsmittel wachsen nur in feuchter Wärme: Kakaobohnen (für Schokolade), Ananas, Bananen, Kaffeebohnen und Gewürze wie Zimt und Vanille werden in Regenwäldern geerntet.

BAU LOS!

Bau aus winzigen grauen Teilen ein Mikro-Faultier. Ein 1×1-Stein mit Seitennoppen ist der Körper, eine LEGO® Technic Kugel der Kopf und mit dem Klemmen-Arm hängt sich das Faultier zum Schlafen an einen Ast.

Runde 1×1-Platte mit Stange

Klemmen-Arm steckt in 1×1-Stein mit Seitennoppen.

Was findet man im Feuchtgebiet?

Feuchtgebiete sind große Flächen, die den größten Teil des Jahres von Wasser bedeckt sind. Es gibt sie in Küstennähe, wo der Wasserstand mit den Gezeiten wechselt, aber auch im Inland. Das größte tropische Feuchtgebiet ist das Pantanal in Südamerika, aber auch Sümpfe, Moore oder feuchte Wiesen gelten als Feuchtgebiete. Es gibt dort Bäume, Büsche oder auch nur Schlamm, aber vor allem leben hier unzählige Tiere.

BAU LOS!

Die abgerundeten Blätter dieser Seerose kannst du mit Winkeln, Platten und gebogenen Dachsteinen bauen. Eine 1×4-Platte ragt heraus und trägt die Blüte. Die Mitte sollte groß genug sein, damit sich deine Mikro-Frösche niederlassen können!

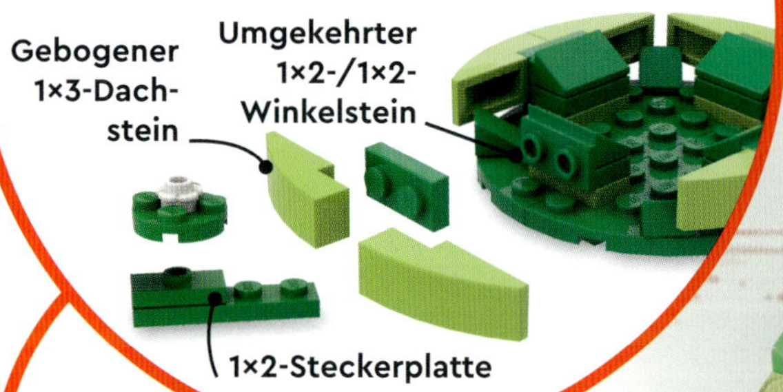

Natürliche Filter

Wasser fließt nur langsam durch die Feuchtgebiete, sodass viele Schadstoffe zu Boden sinken. Pflanzen wie Rohrkolben, Riesenseerosen und Wasserhyazinthen nehmen die chemischen Stoffe durch ihre Wurzeln auf und reinigen so das Wasser, bevor es ins Meer gelangt.

WOW!
Feuchtgebiete bedecken mehr als die Hälfte der Arktis.

Artenvielfalt

40 Prozent aller Arten sind in Feuchtgebieten beheimatet. Dort leben alle möglichen Tiere zusammen, darunter Alligatoren, Schlangen, Biber, Käfer und Frösche. Pass also immer gut auf, wo du hintrittst!

Klapperschlange

Baumfrosch

Schon gewusst?

Waschbären finden in Feuchtgebieten viel Nahrung, aber in der Stadt durchwühlen sie – oder auch ihre Fans – oft die Mülltonnen! Die LEGO® Minifigur **Waschbärenkostüm-Fan** hat ein Schwanzteil und eine Tüte für ihre Beute.

Das Wasserschwein, das teils im Wasser lebt, ist das größte Nagetier.

Die Blätter dieser Seerose im Pantanal werden 2,5 m breit. Auf ihr können sich kleine Tiere ausruhen.

In der Regenzeit wird das Pantanal überflutet. Dann steigt der Wasserspiegel um bis zu 5 m.

Echt jetzt?!
Feuchtgebiete speichern **50 Prozent** mehr Kohlenstoff als Regenwälder und sind damit im Kampf gegen die Klimaerwärmung sehr hilfreich.

Seekuh

Globale Bedeutung

Feuchtgebiete sind für das globale Ökosystem sehr wichtig. Sie beherbergen Tausende Pflanzen und ernähren viele Tiere: Große Säugetiere wie Seekühe fressen Tang und Algen, während die Blaue Landkrabbe am liebsten zarte Blätter und Blüten verzehrt.

Blaue Landkrabbe

Warum werden Blätter bunt?

Die Blätter von Laubbäumen werden im Herbst bunt. Das liegt an dem Stoff Chlorophyll, der in den Blättern enthalten ist und sie grün färbt. Er ist auch an der Fotosynthese beteiligt, bei der die Pflanzen mithilfe von Sonnenlicht und Wasser Zucker herstellen. So bekommen sie Energie. Wird das Wetter kühl, ändert sich die Menge an Chlorophyll und Nährstoffen im Laub. Es wird gelb, rot und orange, dann fällt es ganz ab. Im Winter sind die Bäume kahl. Im Frühling beginnt alles von vorn: Die Bäume bekommen neue grüne Blätter.

Wo bin ich?

Vögel wie Waldkauz, Schwarzspecht oder Rotkehlchen haben braune, schwarze oder rötliche Federn. Mit diesen Farben sind sie zwischen den Blättern und Laubbäumen kaum zu sehen und vor Räubern geschützt. Eine gute Tarnung!

WOW!

Durch die meisten Laubbäume fließt ein **Saft**, der sie mit Nährstoffen versorgt und verhindert, dass sie im Winter erfrieren.

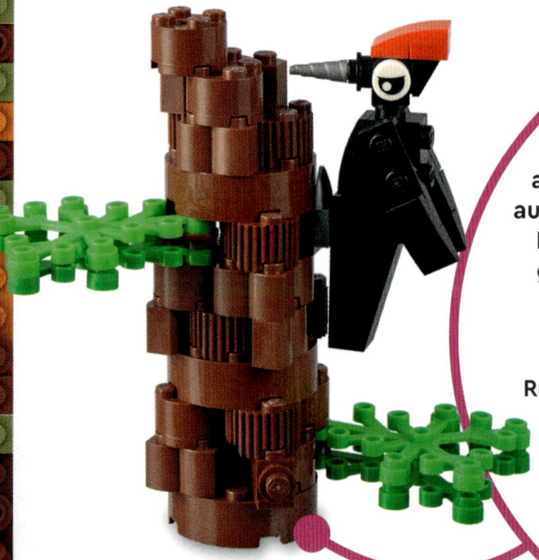

BAU LOS!

Spechte klammern sich meist aufrecht an einem Baum fest. Das ist auch eine gute Haltung für dein Modell. Bau die rote Schopffeder aus einem gebogenen Dachstein und die Füße aus einer Platte mit Zahn.

Her mit dem Regen!

Laubbäume haben breite, flache Blätter, die im Herbst die Farbe ändern. Sie brauchen viel Regen, wenn sie das ganze Jahr über wachsen sollen – pro Jahr etwa 75 bis 150 cm. Das ist doppelt so viel Regen wie ein Nadelwald benötigt.

Eichhörnchen sammeln und vergraben Samen und Nüsse für den Winter.

Rotwild ist perfekt an das Leben im Laubwald angepasst. Rehe und Hirsche fressen im Sommer Blätter und im Winter Zweige.

Vier Jahreszeiten

Laubwälder kommen in Gebieten vor, in denen es vier Jahreszeiten gibt: Frühling, Sommer, Herbst und Winter. Bevor im Frühling die Blätter knospen, erreicht die Sonne den Waldboden und es wachsen wunderschöne Frühlingsblumen wie Glockenblumen oder Veilchen.

Schon gewusst?

Du kannst die grünen, gelben und orangenen Blätter im **LEGO® Ideas Baumhaus (Set 21318)** je nach Jahreszeit wechseln. Das Set enthält mehr als 100 Blätter- und Baumteile.

Echt jetzt?!

Viele Tiere, die im Laubwald leben wie Luchs, Bison, Elch oder Puma sind durch Jagd und Abholzung heute fast **ausgestorben**.

Wieso haben Bäume Zapfen?

Immergrüne Bäume findet man in Nadelwäldern. Sie wachsen in heißen, trockenen Gegenden ebenso wie auf kalten, verschneiten Bergen. Nadelbäume bilden Zapfen, die Samen für neue Bäume enthalten. Die festen, geschlossenen Schuppen der Zapfen halten die Samen im Inneren warm und trocken und schützen sie vor Vögeln und anderen Tieren, die sie fressen. Bei Wärme öffnen sie sich und setzen die Samen frei.

WOW!
Zapfen können das **Wetter** vorhersagen. Sind sie geschlossen, wird es feucht und kühl.

Stadt im Wald

Städte werden selten in Nadelwälder gebaut, weil die Bäume oft dicht stehen und es in diesen Gegenden sehr kalt ist. Moskau (Russland) und Toronto (Kanada) sind jedoch zwei große Städte, die in Nadelwäldern liegen.

Echt jetzt?!
Forschende glauben, dass **Dinosaurier** die Nadeln von Nadelbäumen fraßen, weil man zwischen den Fossilien Reste gefunden hat.

Kiefern behalten ihre Nadeln das ganze Jahr über.

Eichhörnchen fressen gern zarte Kiefernnadeln.

Baumriesen

Nadelbäume sind nicht nur immergrün, sondern werden manchmal auch riesengroß. Riesenmammutbäume oder Sequoias werden bis zu 95 m hoch. Zedern, Tannen und Kiefern können ebenfalls sehr hoch und auch sehr alt werden.

BAU LOS!

Wenn du die Zweige mit Zapfen behängst, bekommst du einen tollen Nadelbaum. Stecke eine runde 1×1-Platte mit offener Noppe auf eine runde 1×1-Kachel mit Stange. Schiebe dann den „Zapfen" auf den Nadelzweig.

Die Kiefernzapfen bleiben am Baum, bis die Samen verstreut sind.

Schon gewusst?

Einer der bekanntesten Nadelbäume ist wohl die Fichte, die auch im Set **LEGO® Weihnachtsbaum (Set 40573)** enthalten ist. Zu dem 784-teiligen Modell gehören zudem Baumschmuck, Kerzen und ein Stern für die Krone.

Bodenbewohner

Viele Bewohner des Waldbodens wie der Vielfraß oder Baummarder haben ein dichtes, warmes Fell. Andere wie der Braunbär halten in den kalten Monaten sogar Winterruhe. So müssen sie in einer Zeit, in der sie sowieso kaum Nahrung finden, nichts fressen.

Vielfraß

Wo sind die Bäume in der Savanne?

Die weiten, hügeligen Grasländer mit ihren vereinzelten Sträuchern und kleinen Bäumen liegen meist zwischen den Tropen und Wüsten. Sie haben eine Regenzeit, aber etwa die Hälfte des Jahres ist es heiß und trocken. Da viele Bäume Wasser nicht lange speichern können, kommen sie mit diesen Bedingungen nicht zurecht, sodass hier kaum Bäume wachsen. Gräser aber saugen den Regen gut auf, wachsen rasch und bedecken große Flächen der Savannen.

Löwe

Afrikanischer Elefant

Große Wildtiere

Die Elefanten, Giraffen und Zebras in der afrikanischen Savanne fressen Gras, Zweige und Blätter. Die Pflanzenfresser wandern in großen Herden, sodass Raubtiere wie Leoparden, Löwen und Geparde einzelne Tiere nicht so leicht fangen können.

WOW!

Der Affenbrotbaum (Baobab) hat einen dicken Stamm, der wie ein Schwamm **Wasser** für die Trockenzeit **speichert.**

Schon gewusst?

Im **LEGO® Creator 3-in-1-Set Safari-Baumhaus (31116)** beobachten abenteuerlustige Minifiguren in der afrikanischen Savanne Nashornvogel, Flamingo und Giraffe aus nächster Nähe. Das Set lässt sich in einen Doppeldecker mit einem Löwen oder einen Katamaran mit Krokodil umbauen.

Platz da!

Kleine und große Städte breiten sich oft in die Savanne aus und verdrängen die dort lebenden Tiere. Aber viele Einheimische setzen sich auch für den Schutz der Wildtiere ein und bringen Besuchern auf Safaris und anderen Touren viel über die Bedeutung der Savanne bei.

Büsche und Sträucher

Sträucher wie der Farbkätzchenstrauch wachsen häufig in der Nähe von Wasser oder an Hängen, wo sie abfließendes Wasser auffangen können. Sie haben keine dicken Wurzeln und können daher das Wasser nicht lange speichern.

Echt jetzt?! Die Akazie ist in Wirklichkeit kein Baum, sondern ein **Strauch.**

Akazien sind zäh und kommen mit der Trockenheit gut zurecht.

Tiere versammeln sich am Wasserloch.

BAU LOS!

Suche alle deine schwarzen und weißen LEGO Teile für ein Zebra zusammen. Stecke für den gestreiften Bauch runde schwarze und weiße Elemente aufeinander.

Runde 2×2-Kachel mit Loch

Das Bein besteht aus einer Stange und einer 1×1-Platte mit Klemme.

Woher kommt das Eis an den Polen?

Große Teile der Arktis und Antarktis rund um Nord- und Südpol sind mit Eis bedeckt, weil die Sonne dort nie besonders hoch steht. So treffen die Sonnenstrahlen immer im flachen Winkel auf. Im Winter geht die Sonne fast gar nicht auf und es ist monatelang dunkel. Am Nordpol ist das Wasser zu Meereis gefroren, das sich zu großen Gletschern und riesigen Treibeisflächen zusammenlagert.

Die Fellhaare des Eisbären sind hohl. Das Sonnenlicht dringt so bis zur Haut vor und wärmt sie.

Norden und Süden

Am Südpol gibt es mehr Eis als am Nordpol, weil die dicke Eisdecke des Südpols auf einem Landsockel liegt. Am Nordpol gibt es dagegen kein Land, sondern nur gefrorenes Süßwasser und Meereis, das auf dem Nordpolarmeer treibt.

Durch den Klimawandel schmilzt das Eis und der Meeresspiegel steigt.

Pelzige Freunde

Eisbären haben eine doppelte Fellschicht, die sie vor der Eiseskälte und dem Wind der Arktis schützt. Auch der Polarfuchs, der Polarwolf und der Polarhase haben ein dichtes, weißes Fell, das sie warm hält und gleichzeitig auf den Schneeflächen gut tarnt.

Polarfuchs

Polarhase

Schon gewusst?

Das **LEGO® City Arktis Expeditionsteam (Set 60191)** hat alles, was sich Minifiguren für ein eiskaltes Abenteuer wünschen können: ein Schneemobil, Schneeschuhe und einen Husky als Begleiter. Es gibt sogar einen Stein mit aufgedrucktem Insekt, das ein im Eis eingefrorenes Lebewesen darstellt.

WOW!

Eisbären können tagelang schwimmen. Man hat schon Bären beobachtet, die **10 Tage** lang durchgehalten haben.

Adeliepinguin

BAU LOS!

Der Narwal lebt in den Gewässern der Arktis. Mit gebogenen Dachsteinen und Kacheln wird er auch als LEGO Modell so glatt wie in Wirklichkeit. Eine Stange mit Stopper dient als Stoßzahn.

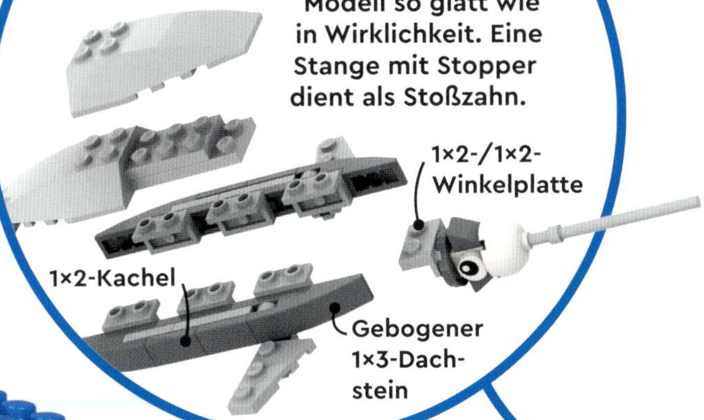

Fettschicht

Viele Tiere in der Arktis oder Antarktis wie der Narwal haben direkt unter der Haut eine dicke, isolierende Fettschicht, den Blubber. Er hält sie im kalten Wasser warm. Die Adeliepinguine in der Antarktis haben über dem Blubber noch eine warme Schicht aus wasserdichten Federn.

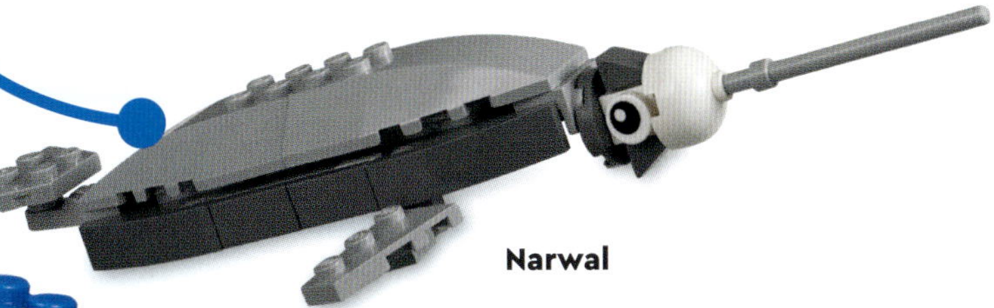

Narwal

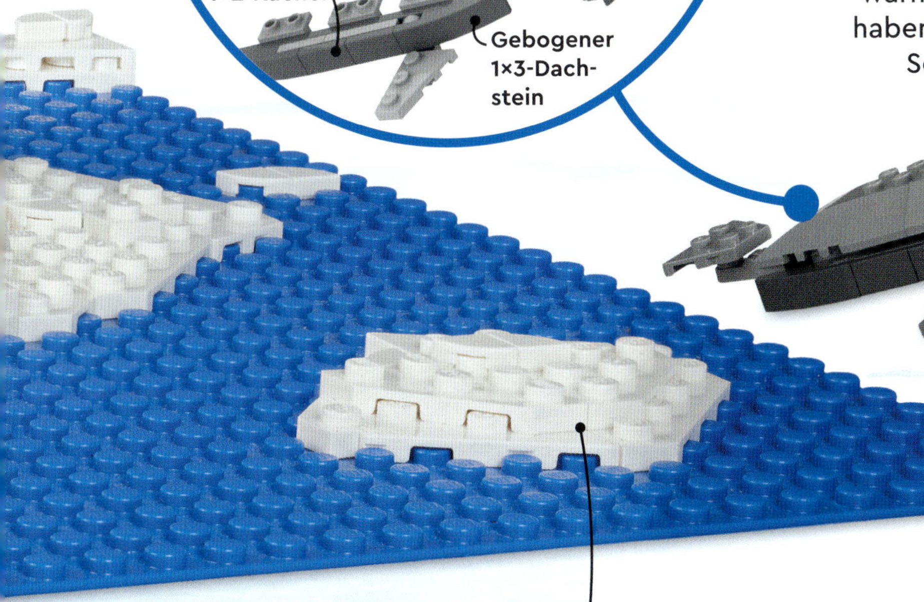

Im Sommer treiben Eisschollen im Wasser.

Echt jetzt?!

Am Südpol ist es im Winter durchschnittlich **-60 °C** kalt. Das ist viel kälter als am Nordpol mit seinen **-40 °C**.

Wetter und Klima

Wetter ist das, was du fühlst, wenn du vor die Tür gehst. Ist es neblig, kalt oder trocken? Regnet es? So weißt du, was du anziehen musst. Klima ist dagegen das durchschnittliche Wetter über einen langen Zeitraum an einem Ort. Es beschreibt, welche Wettermuster in den Jahreszeiten zu erwarten sind. Im Winter herrscht auf der Nordhalbkugel der Erde eher kaltes Klima, im Süden warmes. Wetter und Klima zeigen, was in der Atmosphäre vor sich geht.

Wie ändern sich die Jahreszeiten?

In weiten Teilen der Welt hat das Jahr vier Jahreszeiten, weil die Erde sich auf ihrer Umlaufbahn um die Sonne zur Seite neigt. Abwechselnd ist deshalb eine Halbkugel der Erde näher an der Sonne als die andere. Wenn die nördliche Erdhalbkugel zur Sonne geneigt ist, herrscht dort Sommer. Die Südhalbkugel weist dann von der Sonne weg, sodass dort Winter ist. Im Lauf eines Jahres ändert sich die Menge an Sonnenlicht, die die verschiedenen Teile der Erde erreicht. Viele Gegenden erleben daher Frühling, Sommer, Herbst und Winter.

Echt jetzt?!
Wäre die Erde nicht geneigt, hätten wir **gar keine** Jahreszeiten.

Lebenszyklus

Pflanzen haben verschiedene Lebenszyklen. Gänseblümchen, Petunien und Ringelblumen sind einjährig: Sie wachsen im Frühling und sterben im Winter. Stiefmütterchen oder Mohnblumen durchlaufen ihren Lebenszyklus dagegen in zwei Jahren.

Der Äquator

In den Tropen, nahe des Äquators (einer gedachten Linie um die Mitte der Erde), scheint die Sonne das ganze Jahr über gleich stark. Dort ist es immer warm und es gibt nur zwei Jahreszeiten: Regen- und Trockenzeit. In der Trockenzeit ist es heiß und in der Regenzeit nass.

Im Herbst werden die Blätter erst Orange, dann Gelb.

Im Winter verfallen die Bäume in einen Ruhezustand, der sie schützt und in dem sie sich auf den Frühling vorbereiten.

WOW! In jedem Winter fallen mehr als **1 Quadrillion** Schneeflocken auf die Erde (das ist eine 1 mit 24 Nullen!).

Zur Sonne hin

Pflanzen brauchen Sonnenlicht, um daraus die Energie für die Fotosynthese zu ziehen, mit der sie ihre Nahrung erzeugen. Die Sonne scheint im Frühling und Sommer am längsten, daher wachsen in diesen Jahreszeiten die meisten Pflanzen am besten.

BAU LOS!

Bau einen Baum mit farbigen Elementen, je nach Jahreszeit: rosarote Blüten im Frühling, grüne Blätter im Sommer und orangefarbene und rote Blätter im Herbst. Im Winter sehen weiße (schneebedeckte) Blüten neben weißen Eiszapfen (Platten mit Zahn) toll aus!

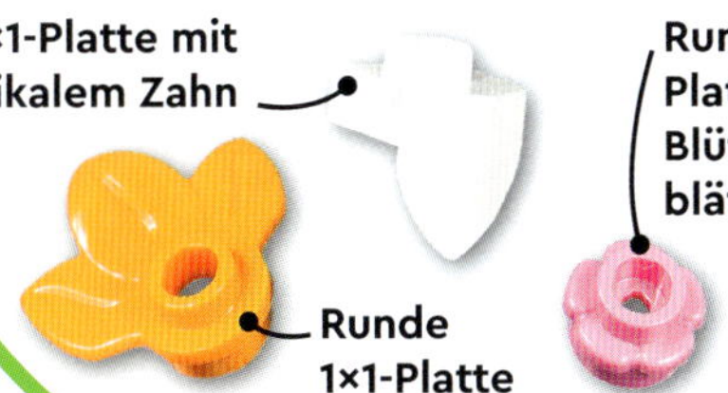

Wie sagt man das Wetter vorher?

Der Wetterbericht sagt uns, ob es regnen wird und wann es Zeit für die Ernte ist. Die Sturmwarnung rettet sogar Leben, denn sie verschafft den Menschen Zeit, sich in Sicherheit zu bringen. Die Wissenschaft vom Wetter heißt Meteorologie. Aus Daten von Wetterstationen und Satelliten kann sie das Wetter vorhersagen. Windfahnen an den Wetterstationen zeigen die Windrichtung an und Anemometer messen die Windgeschwindigkeit. Sensoren registrieren die Luftfeuchtigkeit und Regenmesser bestimmen die Regenmenge. Ob es morgen regnet? Finde es heraus!

WOW!
Wenn du eine Grille hörst, zähle, wie oft sie in **14 Sekunden** zirpt. Addiere zu der Zahl 40 und teile das Ergebnis durch 7, dann weißt du die ungefähre Temperatur in Grad Celsius.

Wettersatelliten

Ohne Wettersatelliten wäre keine genaue Wettervorhersage möglich. Ein Satellit ist eine Maschine mit vielen Sensoren und Kameras, die in den Weltraum geschickt wird. Wettersatelliten umkreisen die Erde und senden Bilder von Tornados oder Stürmen. Diese Minifigur hat den Wetterbericht wohl nicht beachtet. Sonst hätte sie gewusst, dass ein Sturm aufzieht.

BAU LOS!
Bau doch mal eine Szene im Sturm! Mit einem durchsichtigen Teil sieht es aus, als würde der Mülleimer weggeweht werden. Verstreue Blätter und andere Teile, die wie umhergewirbelte Abfälle aussehen.

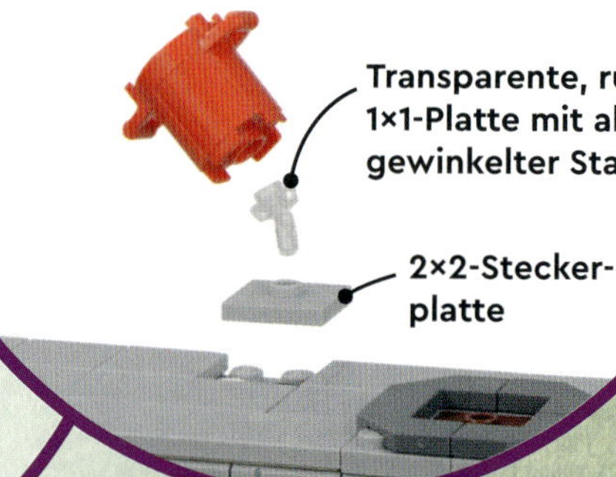

Der Regenmesser gibt an, wie viel Regen in einer bestimmten Zeit fällt.

Windfänger

Anemometer messen die Windgeschwindigkeit. Kleine, an einem Rad befestigte Schüsseln fangen den Wind ein und drehen so das Rad. Je schneller der Wind weht, desto schneller dreht sich das Rad. Ein Sensor rechnet die Drehzahl in die Windgeschwindigkeit um. Wenn wir wissen, wie schnell und aus welcher Richtung der Wind kommt, können wir ausrechnen, wie rasch uns ein Wettersystem erreicht.

Echt jetzt?!

Die Meteorologinnen im Fernsehen stehen meist vor einer **blauen Wand**. Das Blau wird elektronisch durch Wetterkarten ersetzt, oder es werden Touchscreens verwendet.

Die Schüsseln des Anemometers fangen den Wind ein.

Der Temperaturfühler ist abgedeckt, damit er vor direktem Sonnenlicht geschützt ist.

Schon gewusst?

Der Astronaut mit dem goldenen Helm aus der **LEGO® City Satelliten-Wartungsmission (Set 60224)** kann den Satelliten reparieren. Dieser hat aufklappbare, beklebte Solarmodule und lässt sich im Heck des Spaceshuttles verstauen.

Hoch hinaus

Meteorologinnen lassen manchmal Mini-Wetterstationen an Ballons aufsteigen, um Wetterdaten zu sammeln. Diese Ballons erreichen Höhen von bis zu 32 km und fliegen bis zu 200 km weit, je nachdem, wie stark der Wind weht.

Wie entsteht ein Tornado?

Gewitter, Wirbelstürme oder lange Hitzewellen sind Wetterextreme: Sie weichen stark vom üblichen Wetter ab. Gewitter entstehen, wenn warme, feuchte Luft vom Boden aufsteigt und hoch oben auf kalte, trockene Luft trifft. Dann zucken Blitze am Himmel und du hörst lautes Donnergrollen. Bei sehr starken Gewittern mit immer mehr Wind kann es zu Tornados kommen. Dann beginnt sich die Luft in Bodennähe immer schneller zu drehen. Sie steigt nach oben und formt einen Trichter, der nun über das Land hinweg rast.

Echt jetzt?! Mit Satelliten, die in **Wolken** hineinsehen, lassen sich Tornados besser vorhersagen, sodass die Leute früher gewarnt werden können.

BAU LOS!

Für einen LEGO Tornado kannst du viele kleine, runde Teile in Grau, Weiß oder Transparent wild durcheinander zusammenstecken. Versuche auch, kaputte Zäune, Pflanzen oder Autos nachzubauen!

Wirbelwinde

Tornados entstehen sehr plötzlich. Das erste Anzeichen ist eine Wolke, die wie ein Trichter aussieht. Es gibt kleine und große Tornados, aber alle sind sehr gefährlich und saugen alles ein, was in ihrer Bahn liegt. Dabei schleudern sie die Dinge hoch in die Luft.

Krach! Bumm! Peng!

Wenn Regentropfen in den Wolken zu Eis gefrieren und aneinander reiben, erzeugen sie dabei Elektrizität. Die aufgeladene Luft entlädt sich in einem Blitz. Dieser erhitzt die Luft um sich herum. Sie dehnt sich aus, die Wolke vibriert und ein Donner grummelt. Blitz und Donner entstehen gleichzeitig, aber man sieht zuerst den Blitz und hört danach den Donner, weil Licht schneller ist als Schall.

Schon gewusst?

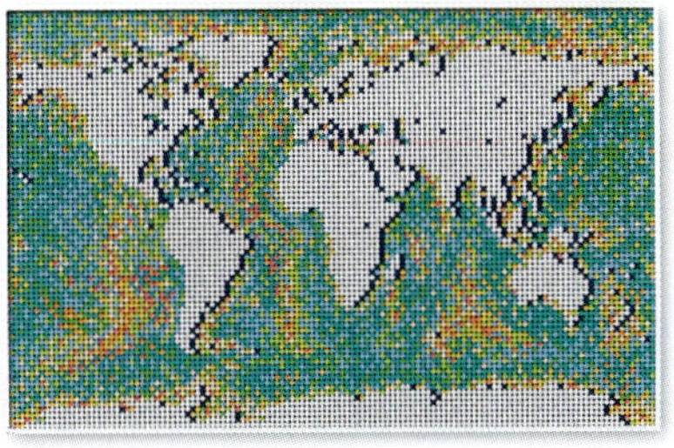

Tornados gibt es auf jedem Kontinent mit Ausnahme der Antarktis. LEGO Fans können sich auf der **LEGO® Art Weltkarte (Set 31203)** alle Kontinente ansehen. Mit 11 695 Teilen ist die Weltkarte das größte LEGO Set!

Wildgewordenes Wasser

Auch Hurrikane sind Wirbelstürme, aber sie bilden sich über dem Meer und werden riesengroß. Wenn ein Hurrikan auf Land trifft, bringt er oft viel Wasser mit. Da Hurrikane nicht so schnell entstehen wie Tornados, ist die Vorwarnzeit länger. Dafür sind sie aber bis zu 1000-mal größer. Hurrikan-Jäger fliegen mitten hinein, um Daten über seine Entwicklung zu sammeln.

Tornado-Jäger folgen Gewittern und Tornados, um sie zu beobachten – ein gefährliches Hobby!

WOW!
Tornados drehen sich bis zu **480 km/h** schnell und können rund **80 km** breit werden.

Welche Form haben Regenbogen?

Ob du es glaubst oder nicht, Regenbogen sind kreisförmig! Wir sehen nur einen Bogen, weil der Boden unsere Sicht behindert. Regenbogen entstehen, wenn Sonnenlicht auf Regentropfen fällt. Es wird darin gebeugt – oder „gebrochen" –, und wenn es auf der anderen Seite des Tropfens herauskommt, wird es noch einmal gebeugt. Dabei wird es in die einzelnen Farben zerlegt und wir sehen einen bunten Regenbogen.

Regenbogen haben mehr als sieben Farben, aber unsere Augen nehmen die ultravioletten und infraroten Wellen nicht wahr.

Der Regenbogen berührt den Boden nicht – es scheint nur so!

Tropfen wirken Wunder

Manche Regenbogen strahlen hell und klar, andere sind dagegen eher blass. Wie gut man sie sieht, hängt von der Größe der Regentropfen ab. Große Tropfen sorgen für klare Farben, weil ihre Spiegelfläche größer ist. Kleine Tropfen zeigen nur schwache Farben.

BAU LOS!

Suche in deiner LEGO Sammlung nach allen Farben des Regenbogens. Platten mit Klemmen und Stangen eignen sich perfekt zur Nachbildung der Rundung.

Damit du den Regenbogen sehen kannst, muss die Sonne hinter dir stehen und der Regen vor dir fallen.

Echt jetzt?!
Die Wahrscheinlichkeit für einen Regenbogen ist größer, wenn **viel Wasser** in der Luft ist, etwa in der Nähe eines Wasserfalls.

BEI REGEN HALTE ICH IMMER AUSSCHAU NACH REGENBOGEN!

Ich sehe doppelt!

Doppel-Regenbogen entstehen, wenn das Licht an der Rückseite der Tropfen zweimal gespiegelt wird. Der untere Regenbogen ist der Hauptbogen und der zweite liegt darüber. Wenn du genau hinsiehst, wird dir auffallen, dass darin die Farben in umgekehrter Reihenfolge angeordnet sind.

WOW!
Zwei Personen sehen nie genau **denselben Regenbogen**, weil sein Aussehen vom Standort des Betrachters abhängt.

Weiß oder bunt?

Sonnenlicht erscheint uns normalerweise weiß, aber in Wirklichkeit ist es aus allen Farben des Regenbogens zusammengesetzt: Rot, Orange, Gelb, Grün, Blau, Indigo und Violett. Man sieht sie, wenn sich Sonnenlicht in einem Regentropfen bricht.

Schon gewusst?

In **LEGO® Spaß mit dem Regenbogen (Set 10401)** gibt es lauter bunte Steine, aus denen du einen halben Regenbogen bauen kannst. Außerdem liegt eine bedruckte Kachel zum 60. Jubiläum des LEGO Steins bei, die nur in sechs Sets enthalten ist.

Landformen

Als Landformen bezeichnet man die natürlichen Eigenschaften auf der Oberfläche von Planeten. Sie sind Teil des Geländes, also der Geografie eines Gebiets, und sind zum Beispiel durch Höhe, Breite, Neigung und Tiefe gekennzeichnet. Auf der Erde gibt es vier wichtige Gruppen: Gebirge, Hügel, Hoch- und Tiefebenen. Diese untergliedert man weiter, etwa in Täler, Schluchten oder Höhlen.

Wie gräbt Wasser eine Schlucht?

In Flüssen legt Wasser einen weiten Weg über Landflächen zurück, meist von einem Wasserspeicher zum anderen. Schnell fließendes Wasser hat sehr viel Energie. Es kann Gestein abtragen, Erde wegspülen und sich so einen Weg durch die Landschaft bahnen. Der Vorgang, an dessen Ende eine tiefe Schlucht wie der Grand Canyon in Arizona (USA) steht, kann Hunderte, Tausende oder gar Millionen Jahre dauern.

WOW! Die tiefsten Schluchten der Erde sind mit bis zu **6,9 km** die Dihan-schluchten in Tibet!

Gestein wird aufgebrochen

Wasser dringt im Vorbeifließen in Felsspalten ein. Im Winter gefriert es und dehnt sich aus. Bei der Schneeschmelze im Frühling bleibt ein Hohlraum zurück, der den Fels schwächt. Irgendwann bricht ein Teil ab und fällt in den Fluss, wodurch die Schlucht immer breiter wird.

Sediment setzt sich ab

Die vom Fluss abgetragenen Gesteinsbrocken lagern sich unterwegs als Sediment ab. Der Sedimenthaufen wird immer höher und schwerer. Das Gewicht presst die Unterseite zusammen und verwandelt sie in Stein. Das Gestein am oberen Rand der Schlucht ist also viel jünger als unten. Der Grand Canyon ist etwa 5 bis 6 Millionen Jahre alt. Die darunter liegenden Schichten gehen wahrscheinlich sogar mehrere Milliarden Jahre zurück.

Echt jetzt?! Die größte bekannte Schlucht ist Valles Marineris. Sie liegt nicht auf der Erde, sondern auf dem **Mars**! Der Grand Canyon würde der Länge nach 9-mal hineinpassen!

Schon gewusst?

Im **LEGO® City Mars-Forschungsshuttle (Set 60226)** enthüllt ein Scanner (ein rot-transparentes Buch-Element) ein geheimes Symbol, wenn du ihn über die Felskachel hältst. Entdeckt die Crew im Canyon etwa eine Botschaft?

BAU LOS!

Bau doch einen Skorpion, der im Grand Canyon lebt! Befestige die Beine und Scheren mit Klemmen an Platten mit Stangen und bau dann den Panzer aus Dachsteinen. Mit erdfarbenen Teilen ist der Skorpion in seiner Umgebung gut getarnt.

Tiere im Grand Canyon

Im Grand Canyon sind viele Tiere beheimatet und einige, wie das Kaibabhörnchen, gibt es sonst nirgends. Der Kalifornische Kondor fliegt hoch über dem Fluss. Pumas und Dickhornschafe klettern über die Felsen und auch Schlangen, Spinnen und Skorpione fühlen sich dort wohl.

Skorpion

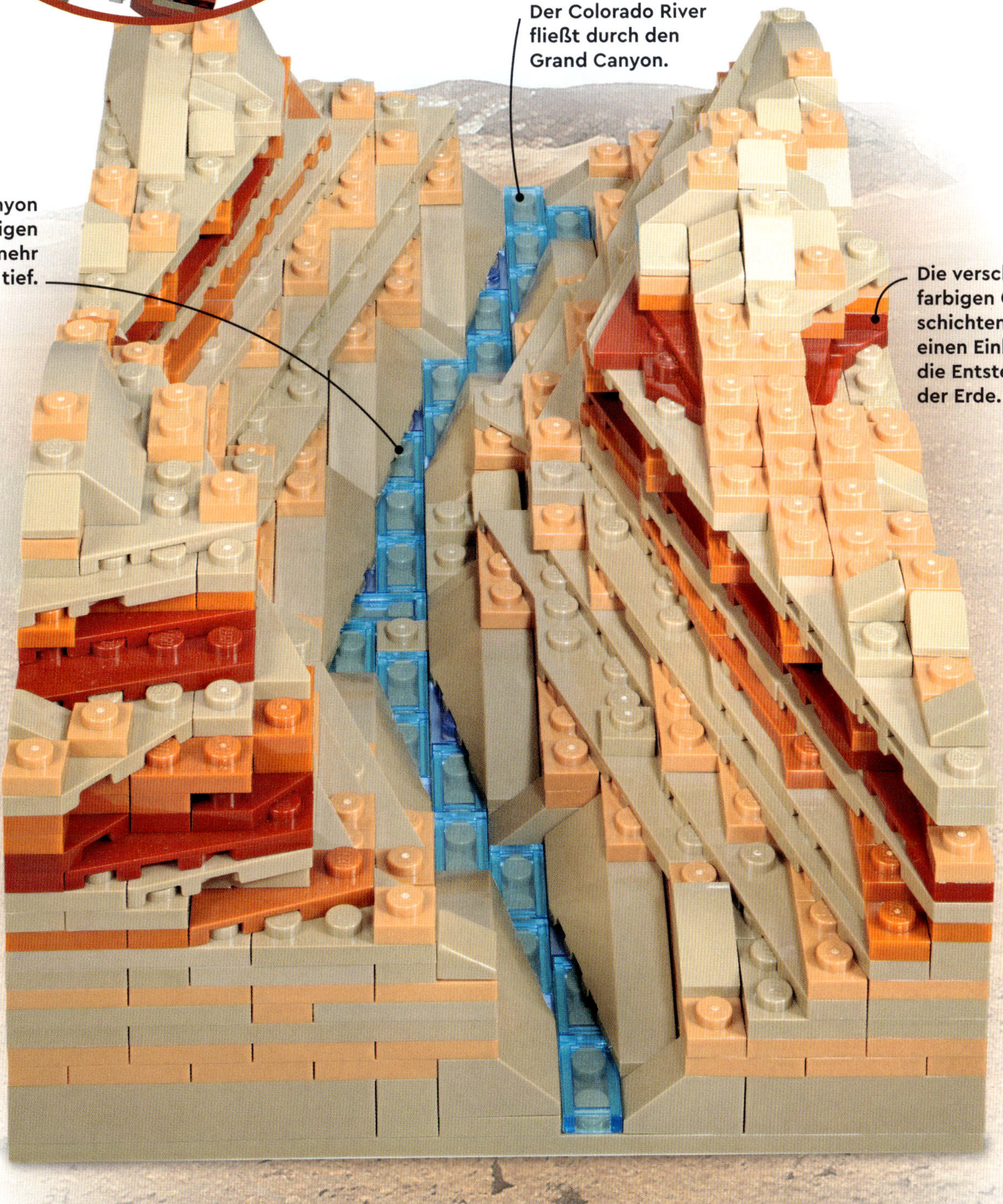

Wie entsteht eine Hochebene?

Eine Hochebene, auch Plateau genannt, ist eine flache Ebene, die höher liegt als ihre Umgebung. Stell sie dir wie ein begrenztes Gebirge mit flachem Gipfel vor. Sie entsteht, wenn Lava aus der Tiefe der Erde aufsteigt oder tektonische Platten (riesige Teile der Erdkruste) zusammenstoßen. In beiden Fällen wird der Boden hochgeschoben. Manchmal bildet sich eine Hochebene aber auch dadurch, dass ein Gebirge einstürzt. Ein Drittel der Landflächen der Erde sind Hochebenen. Es gibt sie auf jedem Kontinent.

Tafelberge

Hochebenen sind flach, weil der Boden von Wind und Regen abgetragen (erodiert) wurde. Wind, der über das Land weht, nimmt Sand und Erdkörner mit, der Regen spült sie weg. Mit der Zeit werden die Plateaus daher flach und lang und sehen aus wie eine lange Tafel (ein Tisch).

Schon gewusst?

Der majestätische Tiger aus dem gleichnamigen **LEGO® Creator 3-in-1-Set (31129)** lebt in der tibetischen Hochebene. Er ist voll beweglich. Auch die Stellung seines Mauls lässt sich ändern. Die Innenseite ist pink, das wirkt schön realistisch!

Tiere der Hochebenen

In der tibetischen Hochebene leben viele wilde Tiere: Yaks, Schneeleoparden, Bengalische Tiger, Tibetgazellen, Bären und Rotwild. Die meisten haben ein dichtes, wärmendes Fell, weil es in dieser Höhe sehr kalt werden kann!

Schneeleopard

BAU LOS!

Mit gemischten Farben und Teilen sieht das Fell des Schneeleoparden sehr echt aus. Bilde das Muster und die Textur mit 1×1-Dachsteinen und 1×1-Kacheln nach. Stecke bedruckte Kacheln auf Lampensteine, damit die Augen der Großkatze gut sichtbar sind.

Tiger

WOW! Die tibetische Hochebene auf **5000 m** ist das höchste Plateau der Welt!

Gletscherplateau

Wenn Gletscher bei höheren Temperaturen schmelzen, können die Gipfel einstürzen. Dann gefriert das Eis manchmal zu einer ebenen Fläche und es entsteht eine Gletscherebene wie das Grand Glacier Plateau in Alaska (USA).

Echt jetzt?! Das **Antarktische Plateau** liegt über dem südlichsten Punkt der Erde. Dort steht eine Antarktis-Forschungsstation.

Warum leben in der Ebene so viele Rinder?

Weite und relativ flache Ebenen gibt es auf allen Kontinenten. Hier wachsen hauptsächlich Gräser und nur wenige Bäume, sodass große Grasfresser wie Rinder, Bisons und Antilopen dort sehr gut leben können. Auch kleinere Tiere wie Präriehunde, Frettchen und Hasen sind dort zu Hause. Die Tiere wandern oft weite Strecken über die gigantischen offenen Flächen. Leider werden die Flächen immer kleiner, weil sich die Städte ausbreiten. Mittlerweile sind einige Tierarten stark gefährdet.

Rinderherden

Die Great Plains (Großen Ebenen) in den USA sind ideal für die Rinderzucht. Zu ihrer Blütezeit um das Jahr 1880 hielten die Rancher oft Tausende Rinder. Cowboys trieben die Herden mit Hunden umher und brachten die Tiere auf den Markt in der Stadt, um sie zu verkaufen.

Echt jetzt?!
Im Yellowstone-Nationalpark (USA) leben seit der **Urzeit** Bisons – auch heute noch!

Im westlichen Teil der Great Plains regnet es wenig, sodass kaum Pflanzen wachsen.

Schon gewusst?

Yippie! Der **Cowboykostüm-Typ** trägt ein zweiteiliges Pferdekostüm. Der vordere Teil ist am Hals festgesteckt und der Schwanz des Pferdes wird zwischen Beinen und Torso befestigt. Diese galoppierende LEGO Minifigur träumt von einem Leben als echter Viehhirte.

BAU LOS!

Bisons sind beeindruckende, leicht erkennbare Tiere. Bau den Rücken und Buckel aus Dachsteinen und normalen Steinen. Ein Gitterelement dient als Bart und runde Platten mit offenen Noppen geben tolle Nüstern.

WOW!
Jedes Jahr wandern in der Trockenzeit **1,5 Millionen** Gnus auf der Suche nach Wasser und Nahrung durch die Serengeti in Afrika – ein beeindruckender Anblick!

Bison

Das größte Landsäugetier Nordamerikas ist der Bison. Männliche Tiere wiegen rund 900 kg (etwa so viel wie ein Kleinwagen) und werden 1,8 m hoch. Trotz ihrer Größe können sie 56 km/h schnell laufen. Ein ausgewachsener Bison könnte sogar einen erwachsenen Menschen überspringen!

Präriehunde

Was hier über die Ebene wuselt, sind keine Eichhörnchen, sondern Präriehunde! Die kleinen braunen Tiere graben unterirdische Baue mit sehr langen Gängen, durch die auch Wasser in unterirdisches Gestein fließen kann, wo sich dann Grundwasserspeicher bilden.

Kann ein Vulkan eine Insel erschaffen?

Inseln bilden sich, wenn zwei tektonische Platten der Erdkruste aufeinandertreffen und ein Vulkan entsteht, der unter Wasser ausbricht. Dann fließt Lava heraus und schichtet sich so lange übereinander, bis ein Teil aus dem Meer herausragt. Die Lava kühlt ab und bildet Land. Inseln entstehen aber auch, wenn Kontinente zerbrechen oder wenn der Meeresspiegel steigt und ein Stück Land von einem Kontinent abtrennt.

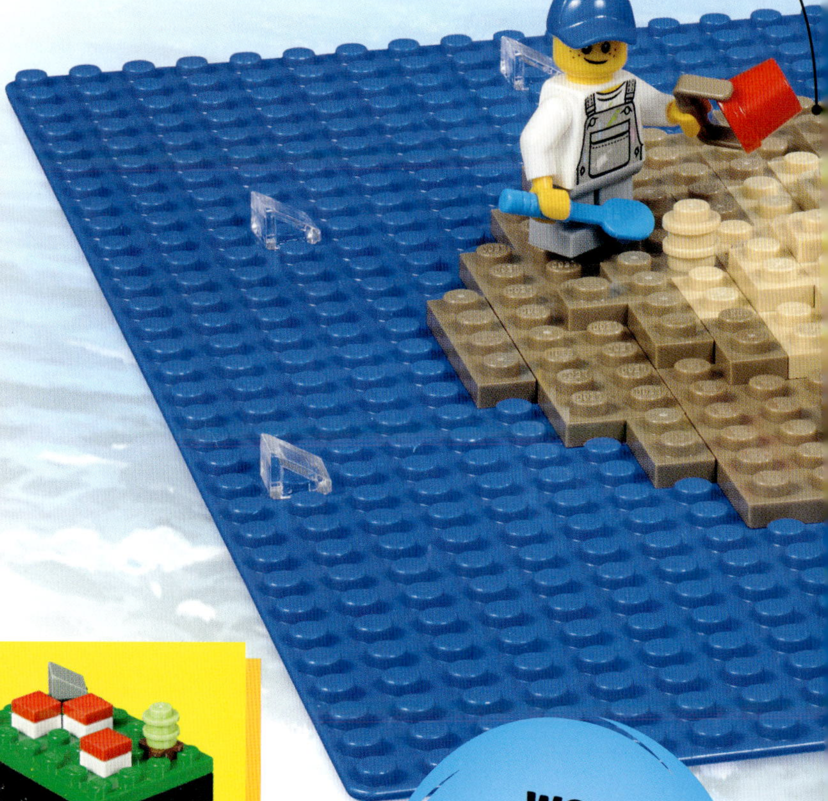

Im Lauf vieler Jahrtausende wird der Unterwasser-Vulkan immer höher und erschafft eine neue Insel im Meer.

Schon gewusst?

Ein Vulkan erschuf die Insel in **LEGO® NINJAGO® Dorf der Wächter (Set 71747)**. Im Augenblick schläft er, aber Minifigur-Besucher sollten trotzdem auf der Hut sein – auf der Insel gibt es zwei Fallen!

Was ist ein Hotspot?

Tektonische Platten können auch in der Mitte Schwachpunkte haben. Dann entsteht ein „Hotspot", durch den Magma an die Oberfläche dringt und eine Vulkaninsel erschafft. Da sich die Platte weiterbewegt, entstehen im Lauf der Zeit immer neue Inseln. So bildete sich einst die Inselgruppe Hawaii (USA).

WOW!

Grönland ist die größte Insel der Erde. Sie ist **2670 km** lang und **1050 km** breit.

Samen werden vom Wind weggetragen oder treiben im Meer, bis sie auf einer Insel landen und keimen.

Echt jetzt?!
Nasenaffen kommen nur auf der Insel **Borneo** vor und sonst nirgendwo auf der Welt.

BAU LOS!

Jede sonnige Insel braucht ein schattiges Plätzchen – also bau dir eine Palme! Die Blatt-Elemente steckst du an Platten mit Klemmen und die wiederum an Platten mit Stangen. So wächst deine Palme Schicht für Schicht.

Warm oder kalt?

Viele Leute denken bei Inseln sofort an warme, tropische Orte wie Hawaii oder die Galapagosinseln. Aber es gibt sie auch in kühlen Gebieten, wie die Inseln Grönland oder Island. Eine Insel ist einfach ein Stück Land, das kleiner als ein Kontinent und außerdem rundum von Wasser umgeben ist.

Sand kann aus Felsen, Vulkangestein, Muscheln und Meereslebewesen entstehen.

Inselbewohner

Wie gelangen Tiere auf eine Insel? Vögel fliegen hin, aber Landtiere wie Eidechsen treiben manchmal über das Meer. Tiere können auf großen Blättern schwimmen oder sich aus Zweigen und Pflanzenteilen selbst ein „Floß“ bauen.

Ist es in Höhlen immer dunkel?

Ja! In Höhlen ist es immer dunkel, weil sie große Hohlräume in der Erde sind. Nur durch den Höhleneingang oder Öffnungen in der Decke dringt ein wenig Licht herein. Im Inneren der meisten Höhlen ist es stockfinster: Du könntest nicht einmal die eigene Hand vor deinen Augen sehen. Trotzdem gibt es auch Höhlen Leben. Einige Tiere und Pflanzen sind so gut an die Bedingungen angepasst, dass sie in völliger Dunkelheit leben können.

Schon gewusst?

Der **Fledermauskostüm-Typ** mag es dunkel und gruselig. Trotzdem verbrachte er Halloween 2022 lieber in LEGO® Stores als in einer dunklen Höhle. Dort hing er zusammen mit der Zubehör-Spinne bei der Minifigurenfabrik ab.

Höhlen-Pflanzen

In Höhlen herrscht Dunkelheit, deswegen können grüne Pflanzen, die ja Sonnenlicht brauchen, dort nicht wachsen. Doch in der Nähe des Eingangs, wo noch Licht hinfällt, gibt es welche. Die Tiere in den Höhlen fressen Blätter, Zweige und Pflanzenteile, die das Wasser in die Höhle schwemmt. Manche fressen auch den Kot anderer Tiere!

Mineralische Zapfen

Wenn Wasser von der Höhlendecke tropft oder durch den Boden eindringt, bauen sich aus den enthaltenen Mineralen Tropfsteine auf. Wachsen sie auf dem Boden, nennt man sie Stalagmiten. Zapfen, die von der Decke hängen, heißen Stalaktiten.

WOW! In einigen US-Bundesstaaten darfst du einer Höhle, die du **entdeckt** hast, einen Namen geben.

Treffen sich Stalagmiten und Stalaktiten in der Mitte, bilden sie eine Tropfsteinsäule.

BAU LOS!

In Höhlen ist es kalt, daher legen Fledermäuse ihre Flügel an, um sich zu wärmen. Deine LEGO Fledermaus erhält bewegliche Flügel, wenn du Keilplatten auf Scharnierplatten steckst. Eine mit einem geschlossenen Augenlid bedruckte Kachel macht das schlafende Tier perfekt.

Geniale Fledermäuse

Fledermäuse finden ihre Beute im Dunkeln durch Echoortung. Sie stoßen Fieptöne aus, die von den Höhlenwänden oder ihrer Beute zurückprallen. Wenn sie das Echo hören, erkennen sie die Form des georteten Gegenstands und seine Entfernung. Es gibt mehr als 1200 Fledermausarten. Manche leben in warmem Klima, andere lieben die Kälte. Die Tiere sind wichtig, weil sie Schädlinge fressen und auch viele Pflanzen bestäuben.

Echt jetzt?!
Eine Kolonie mit mehr als **20 Millionen** Fledermäusen lebt in der Bracken Bat Cave bei San Antonio (USA).

Fledermäuse lassen sich einfach fallen, um loszufliegen.

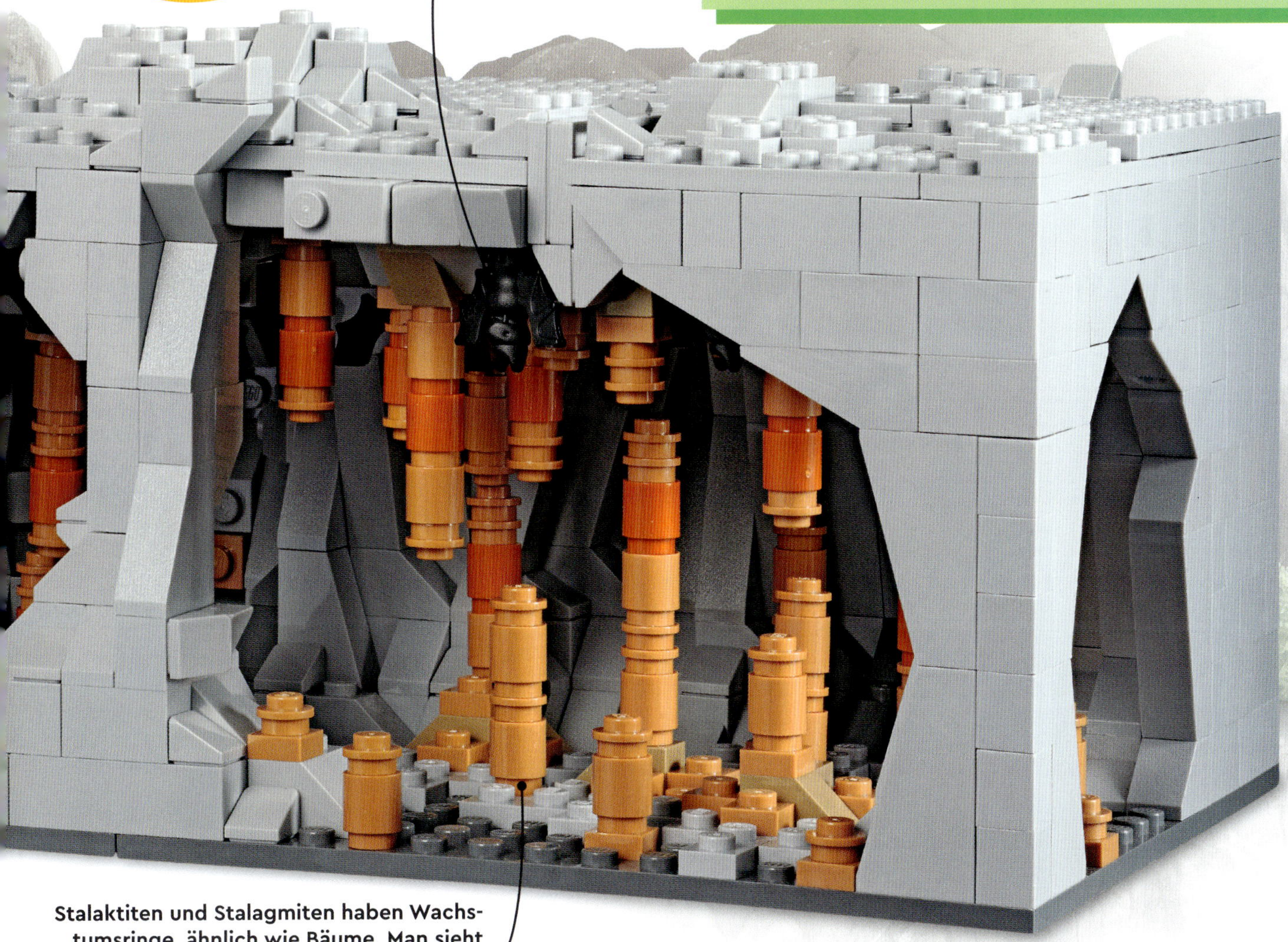

Stalaktiten und Stalagmiten haben Wachstumsringe, ähnlich wie Bäume. Man sieht daran, wie weit sie jedes Jahr wachsen.

Leben

Die Erde ist einzigartig, weil sie Wasser zum Trinken, Sauerstoff zum Atmen und eine Atmosphäre hat, die uns ausreichend kühl oder warm hält. All das brauchen wir zum Leben. Die Erde ist rund 4,5 Milliarden Jahre alt. Soweit wir wissen, tauchten die Dinosaurier vor etwa 245 Millionen Jahren auf und starben vor etwa 66 Millionen Jahren wieder aus. Menschen, wie wir sie heute kennen, gibt es erst seit etwa 233 000 Jahren.

Wie groß waren die Dinosaurier?

Dinosaurier zählen zu den größten Lebewesen, die je die Erde bevölkerten. Der riesige *Argentinosaurus* war etwa so lang wie drei Busse. *Tyrannosaurus rex* hätte ein zweistöckiges Haus überragt und war doppelt so schwer wie ein Elefant. Der mächtige *Triceratops* wog mehr als 55 Erwachsene. Gut, dass es zu der Zeit noch keine Menschen auf der Erde gab: Gegen die Dinos hätten wir keine Chance gehabt!

WOW!
Dinosaurier lebten etwa **179 Millionen Jahre** lang auf der Erde. Den modernen Menschen gibt es erst seit rund **233 000 Jahren**.

Pflanzenfresser

Pflanzenfressende Dinosaurier wie *Triceratops*, *Stegosaurus* oder *Diplodocus* hatten abgeflachte Zähne, mit denen sie Blätter abrissen und dann zu Brei zermahlten.

Mit den Stacheln am Schwanz wehrte *Stegosaurus* Feinde ab.

Fleischfresser

Fleischfresser wie *Tyrannosaurus rex* hatten spitze Zähne zum Zerkleinern von Fleisch und Knochen. Die Zähne waren 20 cm lang und sehr scharf.

Schon gewusst?

Mit dem **LEGO® Creator 3-in-1-Set Dinosaurier (77940)** kannst du einen *Tyrannosaurus rex* bauen – und ihn dann wieder umbauen: in einen *Triceratops*, einen *Pterodactylus* oder in deine ganz eigene Dino-Kreation.

Was geschah mit den Dinosauriern?

Man nimmt an, dass vor etwa 66 Millionen Jahren ein riesiger Meteorit die Erde traf und massive Vulkanausbrüche giftige Gase freisetzten. Damals starben 70 Prozent aller Lebewesen aus, auch die Dinosaurier. Nur einige Flugsaurier überlebten.

***Tyrannosaurus rex* hatte einen großen Schädel, mit dem er andere Dinos rammte.**

Echt jetzt?!

Manche Dinosaurier flogen und hatten Federn. Einige überlebten das Massenaussterben. Aus ihnen entwickelten sich die Vögel, die nächsten lebenden Verwandten der Dinosaurier.

BAU LOS!

Verbinde Kopf und Schwanz über Kugelgelenke mit dem Körper. Dieser *Triceratops* kann den Kopf bewegen und seitlich mit dem Schwanz schlagen.

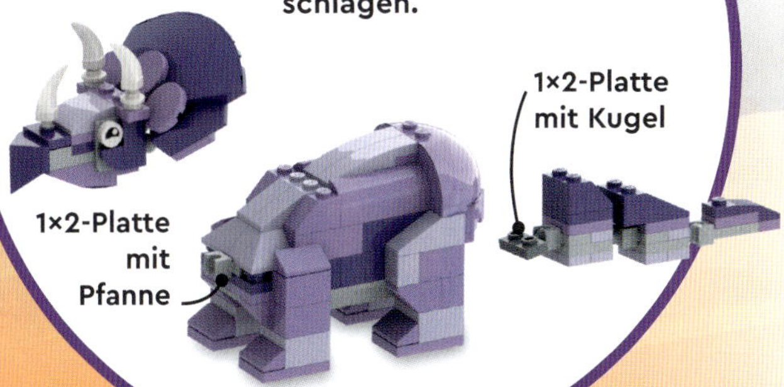

***Triceratops* hatte große Hörner zum Kämpfen.**

Wie lebten die ersten Menschen?

Forschende glauben, dass Höhlen die ersten Behausungen der Menschen waren. Das liegt auch deshalb nahe, weil sie noch keine richtigen Werkzeuge hatten. Außerdem hat man viele Hinweise zum Leben der frühen Menschen in Höhlen gefunden: Malereien, Feuerstellen und sogar etwa 78 000 Jahre alte Zierperlen. Es kann zwar sein, dass Menschen zeitgleich bereits einfache Hütten bauten, aber diese sind nicht erhalten geblieben.

BAU LOS!

Bevor du deine Höhle baust, überlege dir, wo du Bilder an die Wand „malen" willst und lass ein paar Lücken für deine Kunstwerke frei. 1×1-Elemente sind für solche winzigen Modelle am besten geeignet.

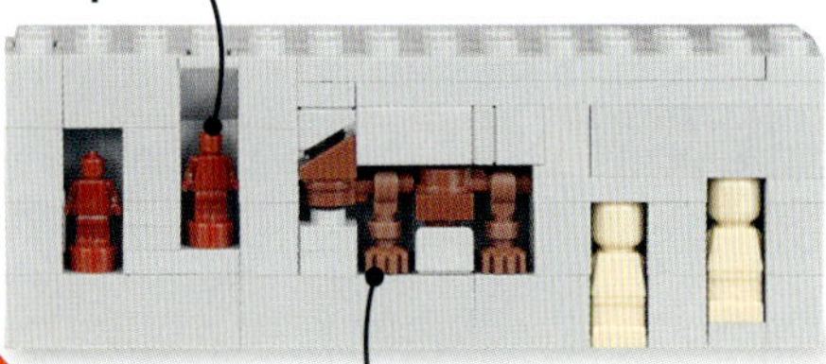

Für die Farben vermischten die Menschen Wasser und Pigmente wie rotes Eisenoxid aus dem Gestein.

Die Höhlenbewohnerin malt mit dem Pinsel Tiere an die Felswand.

Höhlenmalereien

Frühe Höhlenmalereien zeigen keine Schrift, sondern Tiere, die von den Menschen gejagt wurden, wie Bisons, Rotwild oder Pferde. Auch gemalte Umrisse von Händen und Scheiben hat man an Höhlenwänden entdeckt.

Sicherheit geht vor

In der Archäologie (Wissenschaft von der frühen Geschichte der Menschen) geht man davon aus, dass Menschen sich in Höhlen vor gefährlichen Tieren schützen wollten. Außerdem hatten sie es dort warm und trocken.

Echt jetzt?!
In einer Höhle in Südafrika fand man Überreste von Gemüse, das vor mehr als **170 000 Jahren** geröstet wurde.

Tierfelle hielten schön warm. Sie wurden mit Knochennadeln zusammengenäht.

Schon gewusst?

Das **LEGO® Iconic Höhlenset (5004936)** war ein Werbeset mit Minifiguren. Die Schachtel lässt sich in eine Höhle umbauen – allerdings schützt der Karton weder vor Regen noch vor Bären!

Höhlenwesen

Höhlen boten auch Tieren ein Zuhause. In der Chauvet-Höhle in Frankreich findet man neben Fuß- und Krallenspuren von Bären auch menschliche Fußabdrücke. Vielleicht kamen die Bären auch zurück, als die Menschen die Höhle verlassen hatten. Bären lieben Höhlen als Unterschlupf!

WOW!
In der Chauvet-Höhle (Frankreich) gibt es Fußabdrücke, die wohl vor **26 000 Jahren** ein Kind hinterließ.

Wo bauen wir Nahrung an?

Bauernhöfe stehen in ländlichen Gebieten, wo es wenig Häuser und viele freie Flächen gibt. Dort wird ein Großteil der weltweiten Nahrungsmittel angebaut. Die Höfe sind unterschiedlich groß und gehören einer Familie oder einer Firma. Viele Höfe spezialisieren sich auf bestimmte Feldfrüchte wie Mais, Sojabohnen, Reis oder Weizen. Andere züchten Tiere wie Rinder, Schweine, Schafe, Enten oder Hühner. Ohne Bauernhöfe gäbe es kaum genug Nahrung für alle Menschen auf der Welt.

Echt jetzt?! Eine durchschnittlich große Kuh gibt jeden Tag genug Milch für **128 Gläser**!

Schon gewusst?

Im **LEGO® City Bauernhof mit Tieren (Set 60346)** gibt es braune Kot-Teile. Das gleiche LEGO Teil wird auch für Eiscreme und Cupcakes verwendet. Hoffentlich verwechseln die Minifiguren es nicht!

Rinderzucht

Kühe liefern uns Milch und Fleisch. Sie fressen Gras und setzen bei der Verdauung Methan frei. Methan ist ein Treibhausgas, das die Wärme in der Atmosphäre festhält, sodass die Erde sich erwärmt. Forschende experimentieren daher mit anderen Futtermitteln und Lagermethoden für Dung, um den Methanausstoß zu verringern.

Schafe hüten

Schafe leben gern in Herden. Es stört sie nicht, wenn Hunde auf sie aufpassen. In der Herde sind sie vor Räubern wie Wölfen oder Kojoten besser geschützt. Schafe geben uns Wolle und Nahrung. Mit der Wolle, die ein Schaf in einem Jahr liefert, könnte man einen Menschen komplett einkleiden.

Der Hühnerstall ist mit Futterspender, Tränke, Sitzstangen und Nistkästen ausgestattet.

BAU LOS!

Gack, gack! Stecke Schnabel, Augen und andere Teile deiner LEGO Henne auf einen Stein mit Seitennoppen. Auch die Flügel kannst du an solchen Steinen befestigen.

Eierfarben

Man kann neben Hühner- auch Enteneier essen. Ihre Schale ist härter als die von Hühnereiern und kann viele Farben haben – braun, gelb, weiß und sogar hellgrün.

Wie entsteht ein Wolkenkratzer?

Da immer mehr Menschen in die Stadt ziehen, wachsen Städte in die Breite – und in die Höhe! Wenn du eine Großstadt besuchst, wirst du vermutlich Baustellen für Hochhäuser sehen. Zuerst wird eine sehr tiefe Grube ausgehoben, damit der Wolkenkratzer sicher steht. Dann wird ein Gerüst aus Stahlträgern und Querstreben errichtet. Das Gerüst wird später die Außenwände und Geschossdecken tragen. Es kann mehrere Jahre dauern, bis ein Wolkenkratzer fertig ist.

Sicher verankert

Das starke Fundament eines Wolkenkratzers wird auf das harte Unterbodengestein gesetzt, das tief unter den lockeren Bodenschichten liegt. Lange, runde Träger aus Stahl oder Beton werden in das Gestein eingebettet, sodass das hohe Bauwerk sicher steht.

Echt jetzt?!

Das Wort **Wolkenkratzer** bezeichnete anfangs gar kein Gebäude. Im Jahr 1788 nannte man in England so den **Mast** eines Schiffs.

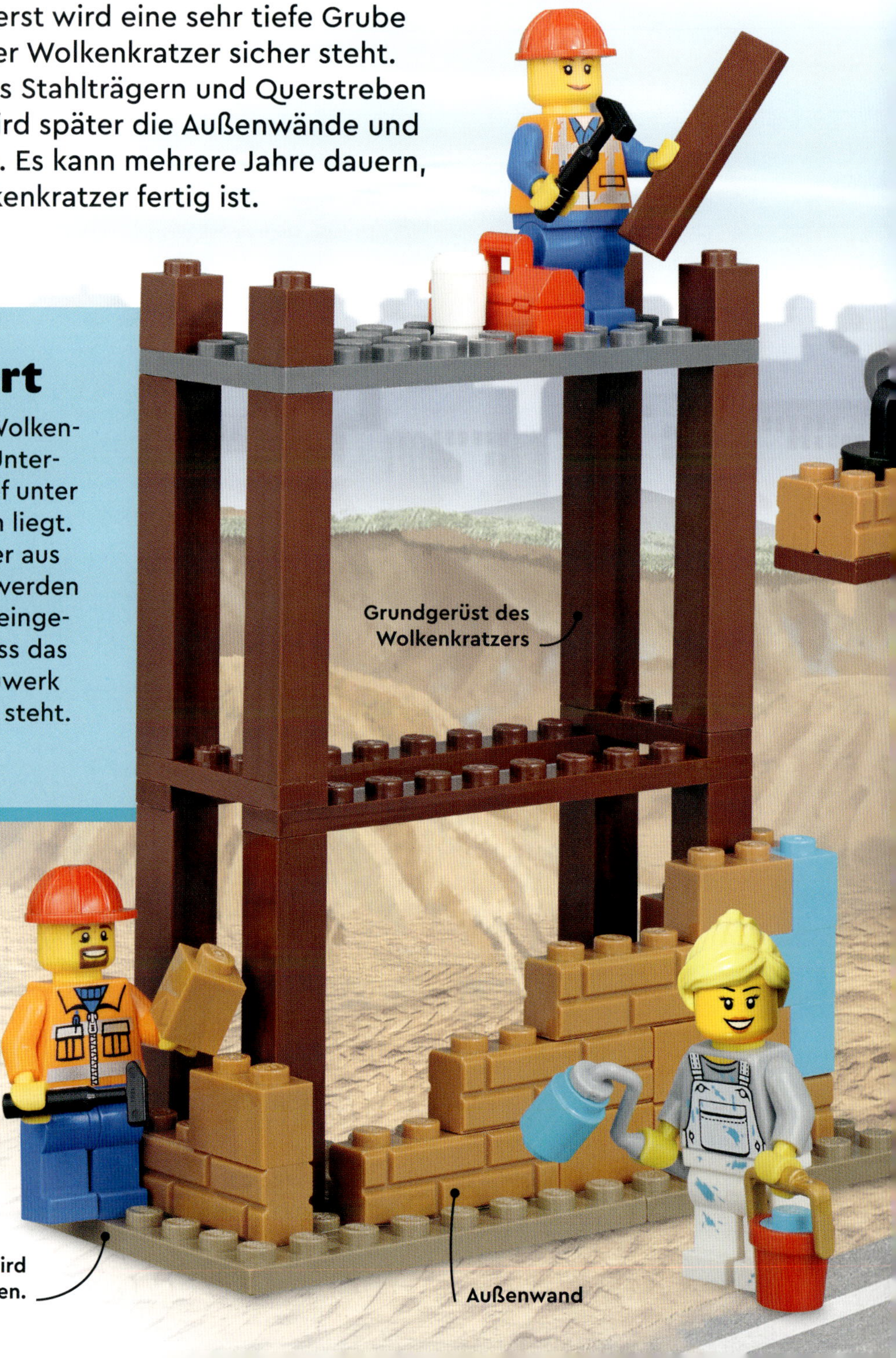

Hoch hinaus

Die Zahl der Stockwerke eines Bauwerks sagt dir, was für ein Gebäude es ist. Ein normales Haus hat etwa 3 Stockwerke, höhere Häuser haben 4 bis 5 Stockwerke. Noch höhere Gebäude nennt man Hochhäuser. Ein Wolkenkratzer ist in der Regel mindestens 150 Meter hoch.

BAU LOS!

Bau aus LEGO Steinen eine Fantasie-Skyline. Wähle originelle Farben, Fenster und Dachformen aus. Dieser glänzende Wolkenkratzer hat zum Beispiel eine Aussichtsplattform mit zwei kleinen Satellitenschüsseln an einer Stange.

Schon gewusst?

LEGO® Architecture Sets stellen berühmte Bauwerke und Skylines der ganzen Welt dar, darunter **New York City (Set 21028)** und den **Burj Khalifa (Set 21008)** in Dubai, das höchste Gebäude der Welt.

WOW! In sehr windigen Städten baut man Wolkenkratzer oft so, dass sie etwas **schwanken** können.

Nach oben, bitte!

Je höher das Gebäude, desto schneller der Aufzug. Der schnellste Lift der Welt rast mit mehr als 76 km/h aufwärts! Wuuuuusch!

Wie sehen die Städte der Zukunft aus?

Die Stadt der Zukunft sieht vermutlich ganz anders aus. Schon heute haben manche Gebäude Gärten auf dem Dach. Andere werden mit Strom aus Sonnenenergie versorgt. Außerdem arbeiten Forschende fieberhaft an erneuerbaren Baustoffen, die der Umwelt nicht schaden. Eines Tages könnte es auch Städte im All geben. Die Internationale Raumstation (ISS) ist bereits dauerhaft bewohnt – und vielleicht leben Menschen auch irgendwann auf dem Mond oder dem Mars.

Ladekabel für das Elektroauto

Schon gewusst?

Das Gebäude in **LEGO® City Modernes Familienhaus (Set 60291)** ist ein zukunftsfähiges Öko-Haus. Der Strom stammt aus den Solarmodulen auf dem Dach und die Familie hat ein Elektro-auto, für das es auch eine Ladestation gibt.

Dachgärten

Schon heute wächst auf dem Dach einiger Gebäude Rasen oder die Bewohner bauen dort Gemüse an. So erhalten Städte mehr „grüne Räume". Solche Grünflächen entziehen der Atmosphäre Kohlendioxid und helfen uns dadurch, den Klimawandel zu begrenzen.

Echt jetzt?!

Forschende sagen voraus, dass bis 2050 **ein Drittel** der Elektrizität weltweit aus Windkraft erzeugt werden könnte.

Leben im Weltraum

Die Internationale Raumstation (ISS) ist etwas größer als ein Fußballfeld und umkreist die Erde. In ihr leben Astronauten. Sie untersuchen unter anderem die Auswirkungen der Schwerelosigkeit auf ihr tägliches Leben. Vielleicht hilft uns das, eines Tages den Mond zu besiedeln.

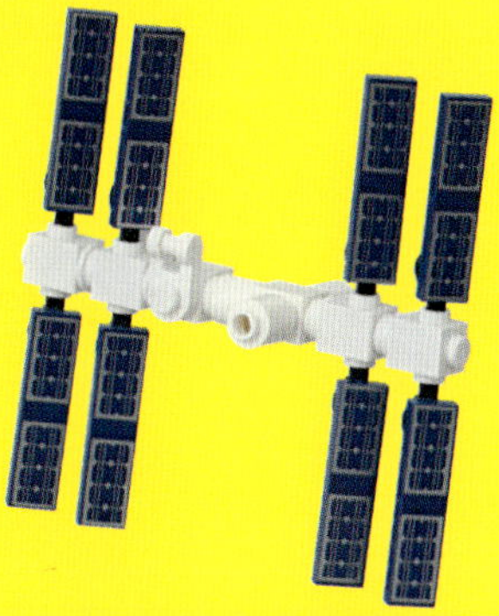

BAU LOS!

Statte deine LEGO Häuser mit „grünen" Neuerungen aus: Wie wäre es mit einem Dachgarten oder einer Auto-Ladestation? Für die Solaranlage kannst du Platten mit Stangen ins Dach einbauen, an denen die Module über Platten mit Klemmen befestigt werden.

WOW! Astronauten müssen **2 Stunden** täglich trainieren, damit sich ihre Muskeln im All nicht abbauen.

Pflanzen auf dem Dach halten das Haus im Sommer kühl, denn sie nehmen viel Sonnenenergie auf. Im Winter halten sie dagegen die Wärme im Gebäude.

Solarenergie wird in Elektrizität umgewandelt und in Batterien gespeichert.

Energie von der Sonne

Solarenergie ist erneuerbar, das heißt, sie geht nie zu Ende. Mit großen Solarmodulen auf dem Dach wird in Büros und Wohnungen Sonnenenergie in Elektrizität umgewandelt, die alle Geräte mit Strom versorgt.

Bau-Tipps

Das Beste an LEGO® Steinen ist, dass du mit ihnen alles bauen kannst, was du willst. Es hilft aber, vorher ein wenig zu überlegen und zu planen, vor allem, wenn du dich an größere oder komplizierte Modelle wagen willst. Hier findest du ein paar Tipps, die dir beim Bauen mit LEGO Steinen helfen.

Sortieren

Wenn du deine Steine gleich zu Beginn nach Größe oder Farbe sortierst, brauchst du beim Bauen nicht lange zu suchen.

Nachschauen

Du kannst die Modelle in diesem Buch als Vorlage nutzen und im Internet oder in Büchern nach Bildern von den Dingen suchen, die du bauen willst. Auch eigene Skizzen helfen dir bei der Planung.

Kreatives Bauen

Du kannst die Modelle aus diesem Buch auch nachbauen, wenn du nicht die dort gezeigten Steine hast. Lass dich ruhig zu eigenen Bauwerken anregen. Wenn dir das perfekte Teil für ein bestimmtes Modell fehlt, findest du vielleicht eine kreative Lösung. Du hast sicher ein anderes Teil, das eine ähnliche Wirkung erzielt.

Welche Größe?

LEGO Modelle gibt es in jeder Größe. Minifigur-Maßstab bedeutet, dass Minifiguren in dem Modell sitzen oder stehen können. Mikromaßstab ist alles, was noch kleiner ist. Viele Modelle in diesem Buch sind im Mikromaßstab gebaut, weil sie auf Dingen basieren, die in Wirklichkeit riesengroß sind.

Seitwärts denken

Mit Teilen, die Seitennoppen haben, kannst du in verschiedene Richtungen bauen. Das ist super für runde Modelle wie Planetenkugeln. An solchen Seitennoppen kannst du auch bestimmte Merkmale anbringen, zum Beispiel Schnabel, Augen und Schwanzfedern eines Huhns.

Überrasche dich selbst!

Nur weil du ein Teil immer auf die gleiche Weise benutzt, heißt das nicht, dass es nicht auch anders funktionieren kann! Probiere mit deinen LEGO Steinen ruhig frei herum: Sie lassen sich immer auf mindestens eine Weise verbinden!

Tolle Steine

LEGO® Steine und Elemente gibt es in allen Farben, Formen und Größen. Damit du dich in deiner Sammlung besser zurechtfindest, zeigt dir dieser Überblick die wichtigsten Stein-Gruppen. Außerdem kannst du deine LEGO Modelle mit vielen speziellen Elementen ausstatten. Aber du brauchst nicht alle diese Teile, um tolle Modelle zu bauen – das Wichtigste ist deine Fantasie!

Bei kleinen Teilen und Kugeln besteht Erstickungsgefahr. Nicht für Kinder unter 3 Jahren.

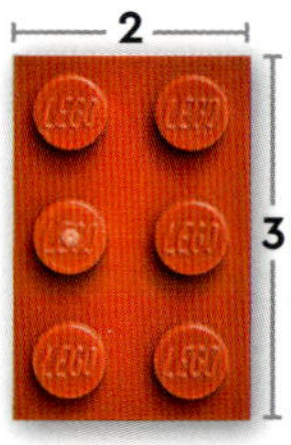

2×3-Stein (von oben)

2×3-Stein (Seitenansicht)

1×1×3-Stein

Maßeinheiten

Die Größe eines LEGO Steins wird an der Zahl der Noppen gemessen. Ein Stein mit zwei Noppen Breite und drei Noppen Länge ist ein 2×3-Stein. Bei hohen Teilen gibt eine dritte Zahl die Höhe in Standardsteinen an.

2×2×3-Stein

Runder 2×2-Stein

1×1-Stein

Steine

Steine bilden die Basis fast aller LEGO Modelle. Es gibt sie in vielen Formen und Größen.

1×2-Platte

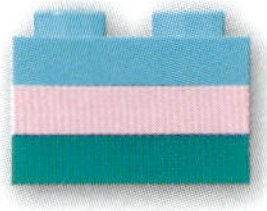

3 1×2-Platten

=

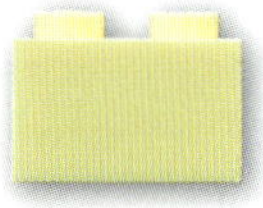

1×2-Stein

Platten

Platten sehen aus wie sehr flache Steine. Drei gestapelte Platten haben die gleiche Höhe wie ein Standardstein.

2×2-Kachel

1×4-Kachel

Kacheln

Kacheln sehen aus wie Platten ohne Noppen und verleihen Modellen eine glatte Oberfläche.

Bedruckte, runde 1×1-Kachel

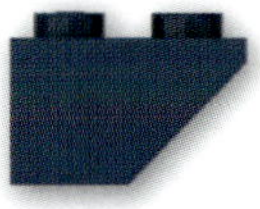

Umgekehrter 1×2-Dachstein

Gebogener 1×4-Dachstein

Dachsteine

Alle Dachsteine haben schräge Winkel, aber sonst sind sie sehr vielfältig: groß, klein, gebogen oder umgekehrt.

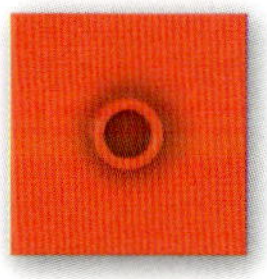

2×2-Steckerplatte

Steckerplatten

Diese Platten haben nur eine Noppe in der Mitte, sodass du Dinge aus dem üblichen LEGO Raster hervorheben kannst, zum Beispiel in der Mitte eines Modells.

1×4-Scharnierplatte

1×2-Scharnierstein mit 2×2-Scharnierplatte

Scharniere

Mit Scharnierplatten und Scharniersteinen kannst du Modelle so bauen, dass sie sich hin und her oder auf und ab bewegen lassen.

1×1-Stein mit vier Seitennoppen

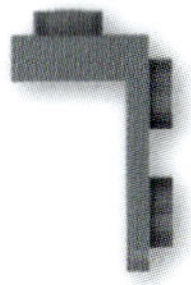
1×1-/1×2-Winkelplatte

Seitennoppen

Mit solchen Teilen baust du in mehrere Richtungen: nicht nur aufwärts, sondern auch seitwärts.

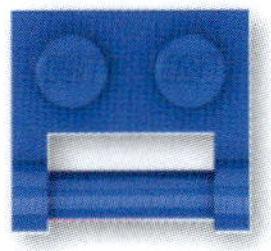
1×2-Platte mit Stange

1×1-Platte mit Klemme

Stangen und Klemmen

Jedes Element mit Stange passt in ein Element mit Klemme. Steckst du sie zusammen, wird dein Modell beweglich.

Spezielle Elemente

Mit solchen Elementen kannst du Dinge aus der echten Welt nachbauen und Modelle mit Details ausschmücken. Hier sind einige Elemente, die sich für Wasser, Vulkane, Gebäude und vieles mehr eignen.

Flamme

1×2-Strukturstein (Mauer)

1×1-Viertelkachel

Stange mit angewinkelter Noppe

Eiscremekugel-Element

1×5×4-Bogen

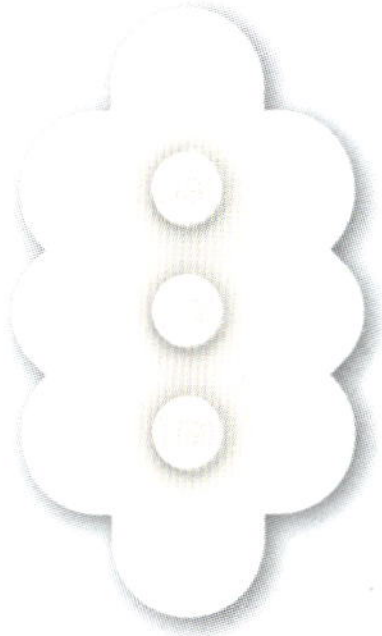
3×5-Wolkenkachel

Blitz

Teile für Tiere

An diesen Teilen erkennt man jedes Tier sofort! Du kannst sie als Schnabel, Augen, Ohren, Hörner und vieles mehr verwenden. Kugelgelenke machen Glieder und Schwanz beweglich.

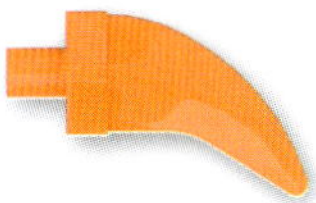
Zahn

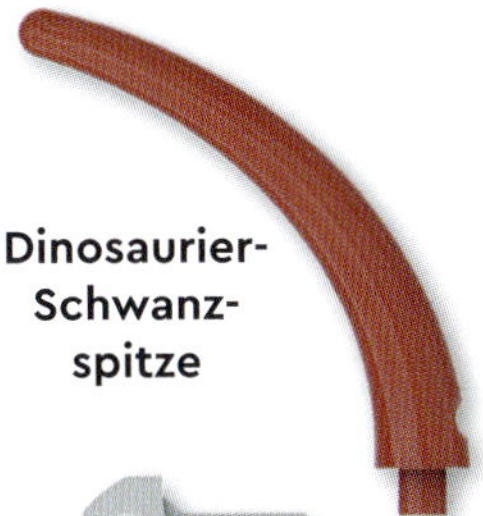
Dinosaurier-Schwanzspitze

Runde 2×2-Kachel mit Auge

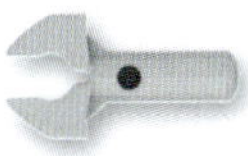
Mechanische Klaue

Platte mit Zahn

1×2-Platte mit Gelenkkugel

1×2-Platte mit Gelenkpfanne

Teile für Pflanzen

Deine LEGO Landschaften sehen mit Blattelementen und bunten Blumen gleich viel lebensechter aus!

Blumenstängel

Runde 1×1-Platte mit Blütenblättern

Runde 1×1-Platte mit drei Blättern

1×1-Kegel

Blüte

Palmwedel

Geringelter Pflanzenstängel

Koralle

Seetangranke

Seetang

Großes Blatt

Die Modellbauer

Die ausgeklügelten Modelle in diesem Buch wurden von talentierten Modellbauern erdacht, die das Bauen mit LEGO® Steinen lieben. Drei von ihnen haben wir gefragt, wie sie ihre Ideen entwickeln und umsetzen.

Simon Pickard

Wie planst du deine LEGO® Modelle?
Ich suche mir Bilder des Themas und beginne dann mit dem Hauptbestandteil oder dem schwierigsten Merkmal. Dann folgt ein kreativer Prozess aus Versuch und Irrtum, bis alles so ist, wie ich es mir vorgestellt habe.

Hast du hier im Buch ein LEGO Element so kreativ eingesetzt, dass du besonders stolz darauf bist?
Für den Vulkanausbruch (Seite 34–35) habe ich ein LEGO® NINJAGO® Spiralteil verwendet.

Wie lautet dein wichtigster Tipp?
Technische Fertigkeiten und ein gutes Auge für Details entwickelt man am besten beim Bauen im Mikromaßstab.

Was ist der ungewöhnlichste Ort, an dem du LEGO Modelle gebaut hast?
Auf den Falklandinseln. Aber am schwierigsten war es im Flugzeug!

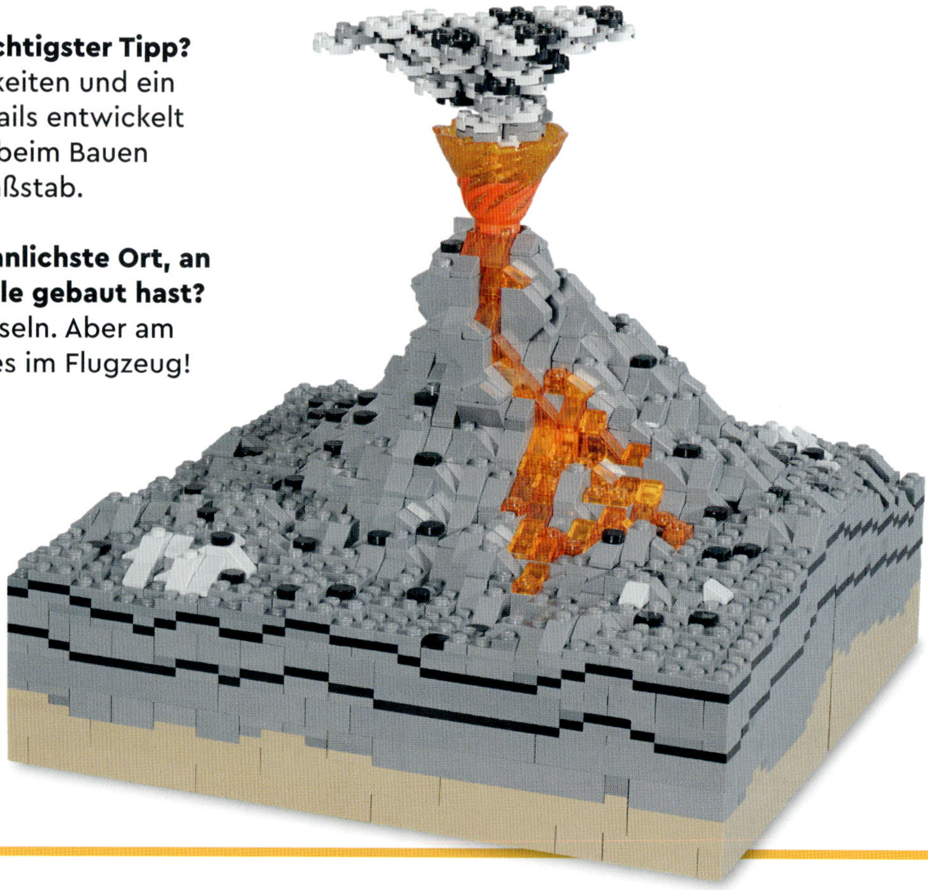

Jason Briscoe

Wie planst du deine LEGO® Modelle?
Ehrlich gesagt plane ich gar nicht viel! Das Ziel ist klar, aber der Weg dorthin ist unendlich vielfältig. Die ersten 80 bis 90 Prozent jedes Modells finde ich ziemlich leicht zu bauen, aber die letzten etwa 10 Prozent, bis das Modell perfekt ist, dauern oft sehr lang.

Welches Modell für dieses Buch hat am meisten Spaß gemacht?
Mein Lieblingsmodell ist das ökologische Familienhaus mit begrüntem Dach (Seite 128–129), weil es so schön zeigt, wo wir bei der Entwicklung zur Nachhaltigkeit derzeit stehen.

Wie lautet dein wichtigster Tipp?
Bau so viel du kannst, wenn möglich jeden Tag! Je mehr du baust und siehst, auf wie viele Weisen sich die Steine verbinden lassen, desto besser wirst du.

Wenn du mit LEGO Steinen alles bauen könntest, was du willst – was wäre es?
Schwierige Frage! Wahrscheinlich eine große, futuristische Stadt oder einen interplanetaren Weltraumhafen ... ich liebe Science-Fiction!

Nate Dias

Wie planst du deine LEGO® Modelle?
Ich plane sie meist am Computer. Wenn ich eine Idee habe, folge ich ihr. Am Computer kann ich die Modelle bei Bedarf leichter ändern, ohne sie wieder ganz auseinandernehmen zu müssen.

Welches Modell für dieses Buch war für dich am schwierigsten?
Das Modell der Erde (Seite 10–11 und 20–21). Es war knifflig, Form und Farbe der Landmassen richtig hinzubekommen.

Wie lautet dein wichtigster Tipp?
Bau einfach los! Lege dir ein paar Steine zurecht und stecke sie zusammen. Bau, was du willst, egal, was andere Leute sagen.

Was ist der ungewöhnlichste Ort, an dem du LEGO Modelle gebaut hast?
Ich habe schon überall LEGO Modelle gebaut: in Fernsehstudios, Museen, Flugzeugen ... Aber der ungewöhnlichste Ort war auf einem Vulkan – dem Vesuv in Italien.

Glossar

Abholzung
Wenn viele Bäume oder ein Wald für Bauholz oder die Landwirtschaft gefällt werden.

Achse
Eine gedachte Linie durch den Mittelpunkt der Erde oder anderer Planeten, um die sie sich drehen.

Aktiver Vulkan
Ein Vulkan, der in den letzten 10 000 Jahren immer wieder ausgebrochen ist.

Algen
Einfache Pflanzen, die im Wasser wachsen und mithilfe von Fotosynthese Nahrung erzeugen, wie etwa Seetang.

Äquator
Die gedachte Linie rund um den breitesten Teil der Erde.

Asteroid
Ein großer Gesteinsbrocken, der um die Sonne kreist.

Atmosphäre
Die schützende Gasschicht, die die Erde umgibt.

Biom
Ein großes Gebiet mit einem bestimmten Klima, in dem daran angepasste Pflanzen und Tiere leben.

Eisvulkan
Ein Vulkan, der statt heißem Magma gefrorenes Wasser und Gase speit.

Erdkruste
Die dünne Außenschicht der Erde, die aus Gestein und Mineralen besteht.

Erdmantel
Die Schicht aus heißem, zähflüssigem Gestein zwischen Erdkruste und Erdkern.

Erloschener Vulkan
Ein Vulkan, der vermutlich nie mehr ausbricht, weil darunter kein Magma mehr ist.

Erneuerbare Energie
Energie aus einer natürlichen Quelle, die nie zu Ende geht, zum Beispiel Sonnen- oder Windenergie.

Erosion
Die Verwitterung und Abtragung von Gestein und Erde durch Wasser und Wetter.

Feuchtgebiet
Ein Gebiet, in dem der Boden die meiste Zeit des Jahres unter Wasser steht.

Flussdelta
Die Mündung eines Flusses ins Meer, in der sich Süßwasser mit Salzwasser mischt.

Fossil
Die Überreste eines Lebewesens, die versteinert in der Erdkruste erhalten geblieben sind, zum Beispiel Knochen oder Fußspuren.

Fotosynthese
Der Vorgang, bei dem grüne Pflanzen und einige andere Organismen aus Kohlendioxid und Wasser mit Sonnenlicht Nahrung gewinnen.

Gesteinskreislauf
Der stete Vorgang, bei dem Gestein umgewandelt wird: Aus Sedimentgestein wird erst metamorphes und dann magmatisches Gestein.

Gletscher
Ein riesiger Fluss oder Berg aus Eis, der sich langsam den Hang hinunterbewegt.

Grundgestein
Die unterste Gesteinsschicht unter allen Bodenschichten.

Grundwasser
Unterirdisches Wasser in Hohlräumen im Gestein.

Hochebene (Plateau)
Eine Ebene im Gebirge, die höher liegt als das umliegende Land.

Kern
Der Mittelpunkt eines Planeten, Sterns oder Mondes. Der Erdkern hat eine äußere Schicht aus heißem, flüssigem Metall und eine innere Schicht aus beinahe festem Metall.

Klimawandel
Durch den Menschen verursachte, dramatische Veränderung des weltweiten Erdklimas.

Lava
Magma, das an die Erdoberfläche gelangt, meist bei einem Vulkanausbruch.

Mäander
Biegungen an Flüssen, die durch Abbröckeln von Erde und Gestein an einer Uferseite und Ablagerungen auf der anderen Uferseite entstehen.

Magma
Heißes, geschmolzenes Gestein tief im Erdinneren.

Magmatisches Gestein
Gestein, das zuerst geschmolzen war (Magma) und beim Abkühlen aushärtete.

Metamorphes Gestein
Gestein, das sich bei hohen Temperaturen und hohem Druck bildet.

Meteorit
Ein Gesteinsbrocken, der aus dem All auf die Erde fällt.

Meteorologie
Die Wissenschaft vom Wetter und von der Erdatmosphäre.

Mineral
Ein natürlicher, unbelebter Festkörper aus bestimmten Verbindungen chemischer Elemente.

Nadelwald
Ein Wald aus Nadelbäumen, die das ganze Jahr grün sind und Zapfen tragen.

Ökosystem
Pflanzen und Tiere, die in einem Gebiet leben und voneinander abhängig sind.

Organismus
Alle Lebewesen, von winzigen Bakterien bis hin zu Tieren.

Produzieren
Ein anderes Wort für herstellen oder erzeugen.

Raubtier
Ein Tier, das andere Tiere jagt und frisst, wie zum Beispiel Löwen oder Eulen.

Schlafender Vulkan
Ein Vulkan, der der seit mehr als 10 000 Jahren nicht aktiv war, aber jederzeit wieder ausbrechen könnte.

Schlamm/Schlick
Winzige, im Wasser gelöste Sand- und Erdkörnchen.

Schwerkraft
Die Kraft, die alle Dinge zueinander hinzieht.

Sedimente
Winzige Teilchen von Steinen, Pflanzen, Tieren oder anderem Material, das von Wind, Wasser und Eis abgetragen und mitgenommen wird.

Sedimentgestein
Gestein, das sich bildet, wenn sich Sedimente ablagern und im Lauf der Jahrmillionen zusammengepresst werden.

Solarenergie
Energie von der Sonne, die in Elektrizität umgewandelt werden kann.

Stausee
Ein oft künstlich aufgestauter See, der als Wasserspeicher dient.

Tektonische Platte
Ein großes Stück der Erdkruste, das sich im Lauf der Jahrmillionen langsam bewegt.

Wasserkreislauf
Die stete Bewegung des Wassers vom Ozean über die Atmosphäre zum Land und wieder zurück.

Register

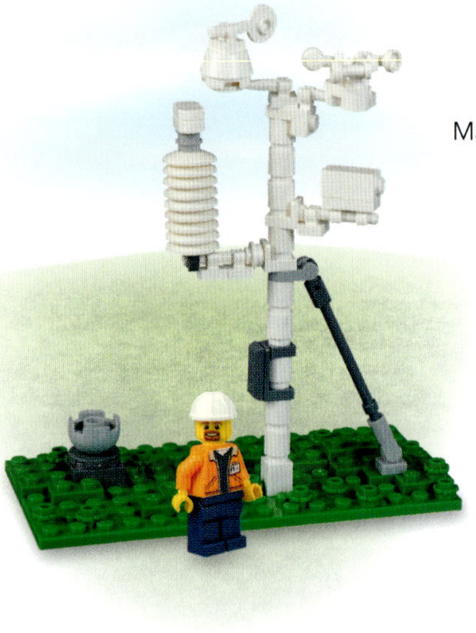

DK | Penguin Random House

Der DK Verlag dankt Randi Sørensen, Heidi K. Jensen, Martin Leighton Lindhart und Nina Koopman von der LEGO® Gruppe sowie Julia March für das Register.

Lektorat Helen Murray, Laura Gilbert, Paula Regan, Mark Searle
Gestaltung und Bildredaktion Jenny Edwards, Isabelle Merry, Jo Connor
Umschlaggestaltung Jenny Edwards
Herstellung Marc Staples, Lloyd Robertson
Fotos Gary Ombler
Fachliche Beratung David Holmes

Modelle Simon Pickard, Jason Briscoe, Nate Dias
Zusätzliche Modelle Jessica Farrell, Rod Gillies, Barney Main, Kevin Hall

Für die deutsche Ausgabe:
Verlagsleitung Monika Schlitzer
Programmleitung Heike Faßbender
Projektbetreuung Sebastian Twardokus
Herstellungsleitung Dorothee Whittaker
Herstellungskoordination Katharina Schäfer
Herstellung Verena Marquart

Titel der englischen Originalausgabe:
LEGO Amazing Earth

Übersetzung Birgit Reit
Lektorat Susanne Böse

ISBN 978-3-8310-4808-3

Druck und Bindung Leo Paper Products, China

FSC www.fsc.org MIX Papier | Fördert gute Waldnutzung FSC® C018179

www.dk-verlag.de

LEGO.com/lifestyle/feedback

TENTE TA CHANCE POUR GAGNER

Rends-toi sur LEGO.com/lifestyle/feedback et remplis une courte enquête sur ce produit pour avoir une chance de gagner un super ensemble LEGO®.

Voir Conditions Générales

CHANCE TO WIN

Go to LEGO.com/lifestyle/feedback to fill out a short survey for this product for a chance to win a cool LEGO® set.

Terms & Conditions apply

OPORTUNIDAD DE GANAR

Visita LEGO.com/lifestyle/feedback, responde una breve encuesta sobre este producto y obtén la oportunidad de ganar un fantástico producto LEGO®.

Términos y Condiciones aplicables

填问卷赢奖品

访问 LEGO.com/lifestyle/feedback, 填写调查问卷，有机会赢得炫酷乐高®套装。

适用相关条款与条件